ROCHES
ET MINÉRAUX

RUBIS TAILLÉS

ÉTUI À POUDRE À CANON DU XVIIe SIÈCLE

CALCÉDOINE (QUARTZ NON CRISTALLIN)

ROCHES ET MINÉRAUX

TEXTE
Sue Fuller

GNEISS

MONTRE À BOÎTIER DE LAITON

CHALCOPYRITE

POCHE VU JUNIOR
GALLIMARD JEUNESSE

Pour l'édition originale :
Dorling Kindersley Limited

Édition originale parue en 2002
sous le titre *Backpack books Rocks and minerals*,
précédemment publiée en 1995
sous le titre *Pockets Rocks and minerals*

Pour l'édition française :
Remise en page : Barbara Kekus, Octavo
Maquette de couverture :
Raymond Stoffel et Aubin Leuray
Responsable éditorial : Thomas Dartige
Édition : Eric Pierrat et Clotilde Grison
Photogravure de couverture : IGS

Avertissement à propos des sites Internet

Pour approfondir vos recherches
sur un thème précis ou télécharger des images,
cet ouvrage propose, au fil de ses pages, une sélection d'adresses
de sites Internet officiels, conçus par des institutions,
de pages personnelles, réalisées par des passionnés.
Ces sites ont été soigneusement testés
et sélectionnés pour la qualité documentaire
de leur contenu et leur intérêt pédagogique.

Certains liens peuvent devenir inactifs
de façon provisoire ou définitive.
N'hésitez pas dans ce cas à nous le signaler à
vujunior@gallimard-jeunesse.fr
Nous recommandons aux adultes d'encadrer
les jeunes enfants lorsque ceux-ci utilisent Internet.
Les éditions Gallimard Jeunesse ne sauraient être tenues
pour responsables du contenu de ces sites.

ISBN 2-07-055314-0

Loi n° 49-956 du 16 juillet 1949
sur les publications destinées à la jeunesse
Dépôt légal : avril 2003
Numéro d'édition : 121520

Photogravure Colourscan, Singapour
Imprimé par Star Standard à Singapour

SOMMAIRE

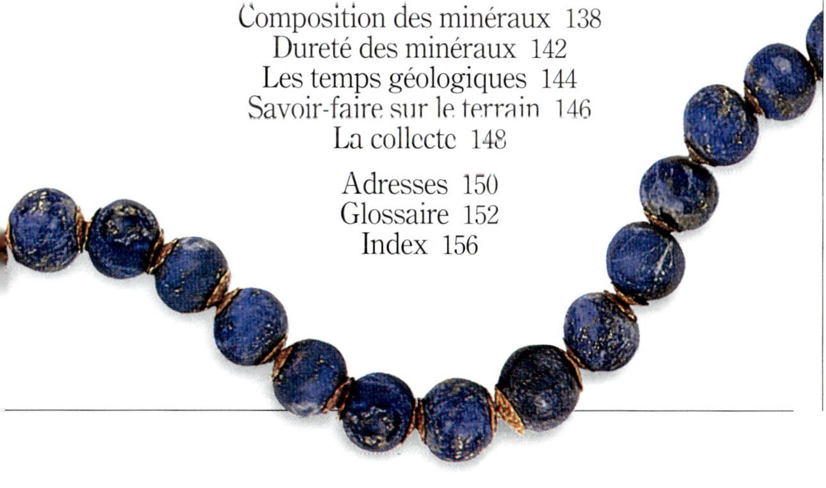

COMMENT UTILISER CE LIVRE

La première partie présente les caractéristiques générales des roches et des minéraux. Puis deux chapitres sont consacrés l'un aux minéraux, le second aux roches. Enfin, si vous voulez "en savoir plus", le livre se termine par des pages pratiques. Une double page en couleurs annonce chaque chapitre.

COULEURS ET FORMATION
Les minéraux sont regroupés par couleur ; les roches selon leur mode de formation : magmatiques, métamorphiques et sédimentaires.

LE TITRE
Il nomme le sujet de la page. Si le sujet se poursuit sur plusieurs pages, le titre apparaît en tête de chacune d'elles.

L'INTRODUCTION
Elle constitue une vue d'ensemble du sujet traité. Après l'avoir lue, vous aurez une idée claire du contenu des pages.

LES LÉGENDES EN ITALIQUE
Elles soulignent les détails auxquels elles sont reliées par un filet. Elles complètent le texte qui commente chaque illustration.

LES TITRES
Dans la marge de la page de gauche figure le titre de la double page et dans la marge de la page de droite, le titre du chapitre. Ainsi où que vous soyez dans le livre, vous vous repérez facilement.

DES ENCADRÉS
Ils rappellent d'un coup d'œil les caractéristiques qui permettent d'identifier minéraux et roches étudiés : la dureté, la couleur et l'éclat.

SYMBOLE
Un petit symbole jaune apparaît à côté du principal minéral traité sur une page. Il indique son système cristallin.

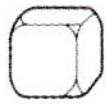

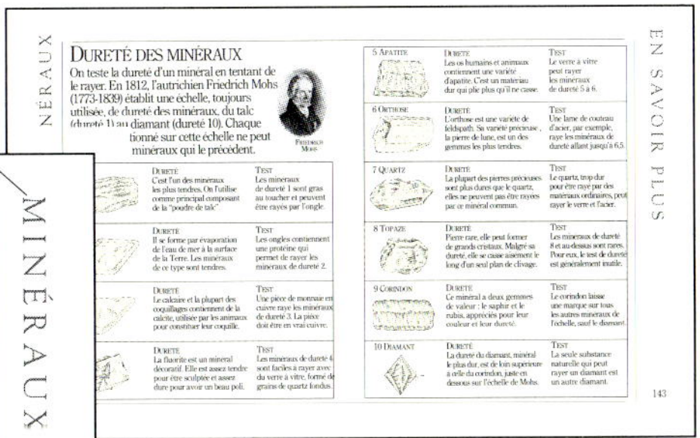

Encadré *Titre en marge*

EN SAVOIR PLUS
À la fin du livre, ces pages vous proposent des informations pratiques, des chiffres et des tableaux. Par exemple, les pages ci-dessus présentent l'échelle de Mohs qui permet de mesurer la dureté d'un minéral.

Légende

LÉGENDE
Pour plus de clarté, un titre identifie les illustrations quand elles ne sont pas reliées au texte de façon évidente.

INDEX
Pour faciliter vos recherches, un index alphabétique achève les pages pratiques : vous y trouverez tous les types de roches et de minéraux, et tous les sujets traités dans le livre.

CARACTÉRISTIQUES GÉNÉRALES

Roches ou minéraux ?

Les minéraux sont des solides ayant une formule chimique et des caractéristiques uniques, telles des empreintes digitales. Les assemblages de minéraux composent les roches, qui elles-mêmes forment les différentes couches de la Terre, comme la croûte terrestre. Ci-dessous, une roche, le granite, et les minéraux qui la constituent.

QUARTZ
Ce minéral, le plus commun de la croûte terrestre, forme la matrice grise (masse de roche dans laquelle d'autres cristaux sont incrustés) de ce spécimen de granite.

GRANITE À GRAINS GROSSIERS

FELDSPATH
Un autre minéral qui entre fréquemment dans la composition des roches. Les cristaux blancs que l'on voit ici sont une variété de feldspath appelée microcline. Dans le spécimen de granite, les cristaux de feldspath ont une couleur rosée.

MICA
C'est le troisième minéral typique du granite. Il entre aussi dans la composition de nombreuses autres roches. Ci-dessous un morceau de biotite : mica noir constitué de cristaux tabulaires, assez mou pour être rayé par l'ongle.

Une veine de quartz blanc et de chalcopyrite dorée traverse ce bloc de granite.

VEINE MINÉRALE
Les roches peuvent contenir des minéraux précieux. Les zones dorées de ce bloc de granite sont de la chalcopyrite (l'or des fous), un minerai de cuivre. On appelle minerai une substance dont on extrait les métaux.

Tourmaline

TOURMALINE TAILLÉE
Les gemmes (pierres précieuses) sont des minéraux présents dans certaines roches, particulièrement dans des roches magmatiques à grains grossiers comme le granite. Les grands cristaux noirs du spécimen de granite et la pierre taillée ci-dessous sont tous deux de la tourmaline.

TOURMALINE ROSE

CARRIÈRE DE GRANITE
Les roches sont exploitées pour les minéraux qui les composent, et pour les minerais et les pierres précieuses qu'elles contiennent. On utilise aussi les roches pour la construction et, après concassage, pour les routes et les voies ferrées. Cette carrière de granite se trouve près de Sljudjanka, en Russie.

La Terre

Notre planète est constituée de plusieurs couches. Au centre, un noyau composé de métaux. Autour, le manteau. Nous vivons sur la couche supérieure, la plus mince, la croûte terrestre.

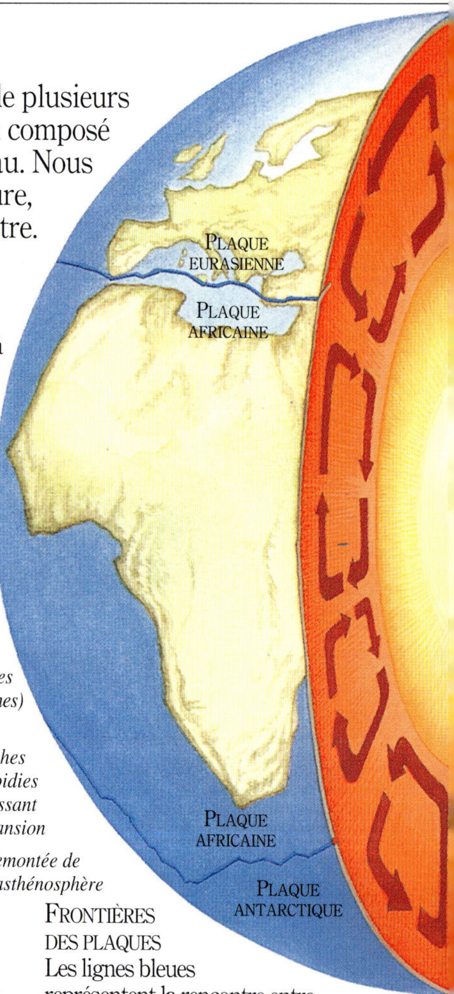

DES PLAQUES EN MOUVEMENT
L'enveloppe externe, la lithosphère, est formée de la croûte terrestre et de la partie supérieure du manteau (70 à 100 km d'épaisseur). Indéformable et divisée en neuf plaques rigides, elle repose sur l'asthénosphère (partie visqueuse du manteau, environ 100 km d'épaisseur) qui lui permet une certaine mobilité. Aux frontières des plaques (composées d'océans et de continents), deux phénomènes peuvent se produire, l'expansion et la subduction, provoquant la mobilité des plaques et la dérive des continents.

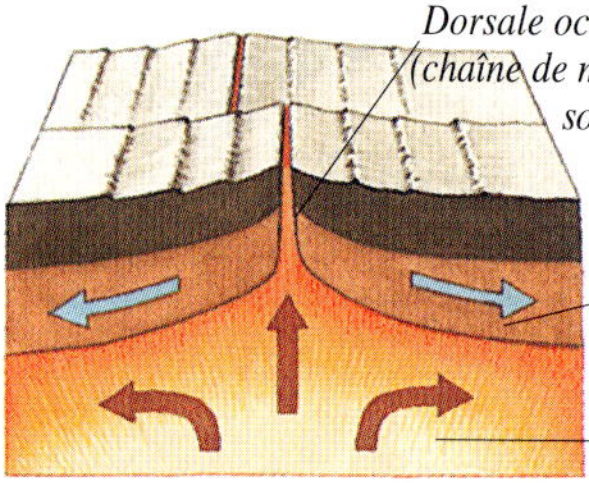

EXPANSION DU FOND OCÉANIQUE
L'asthénosphère remonte en fondant (magma), crée des dorsales et repousse les roches de la lithosphère (expansion). Le magma forme la nouvelle lithosphère et renouvelle le fond des océans.

FRONTIÈRES DES PLAQUES
Les lignes bleues représentent la rencontre entre les plaques, qui correspondent aussi aux principales zones de tremblements de terre.

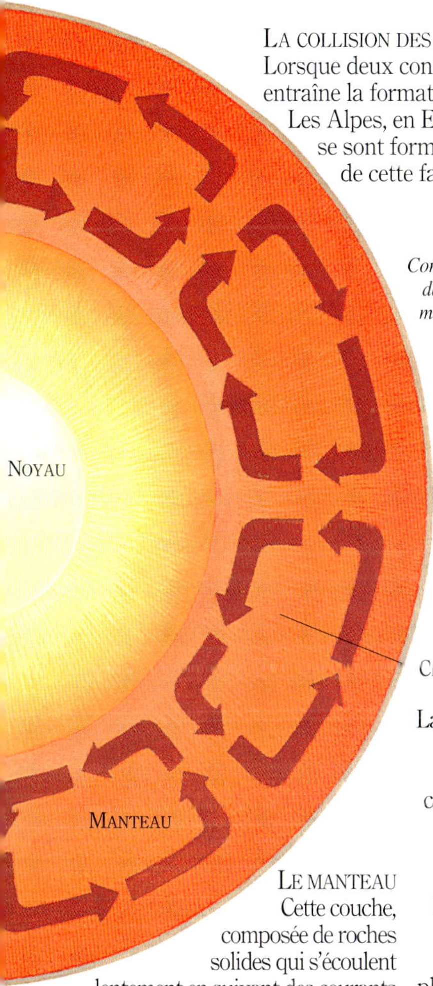

La collision des continents

Lorsque deux continents entrent en collision, cela entraîne la formation de chaînes de montagnes. Les Alpes, en Europe, et la chaîne de l'Himalaya se sont formées de cette façon.

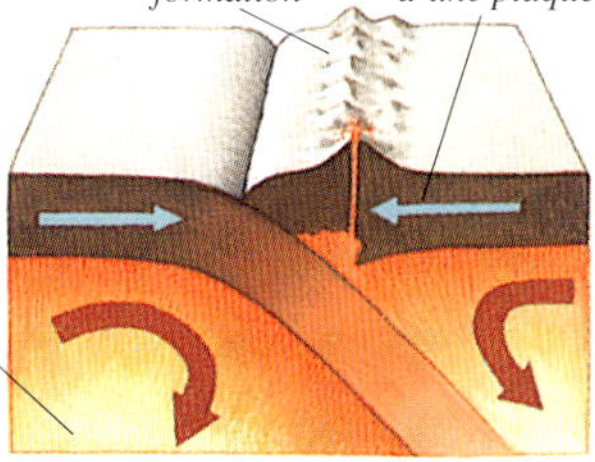

La subduction

Pour compenser l'expansion du fond des océans, la lithosphère ancienne va être détruite à certaines frontières par subduction (réinjection dans le manteau). Ce phénomène s'accompagne de la création de chaînes de montagnes comme la cordillière des Andes.

La croûte

La croûte (ou écorce) ne dépasse pas 70 km au plus épais, et 7 km au plus mince sous les océans. Froide et solide, elle comprend la croûte océanique (basaltique) et la croûte continentale (granitique).

Le manteau

Cette couche, composée de roches solides qui s'écoulent lentement en suivant des courants circulaires, est épaisse de 2 900 km environ et riche en minéraux (olivine, pyroxènes).

Le noyau de la Terre

Il est composé d'un mélange de nickel et de fer. Le noyau interne est solide, épais d'environ 1 370 km. Le noyau externe plus épais, environ 2 000 km, est liquide et ses mouvements autour du noyau interne créent le champ magnétique terrestre.

L'âge des roches et des minéraux

La formation des roches et des minéraux remonte à l'origine des temps et se poursuit encore. Toute l'histoire de la Terre est écrite dans ces matériaux solides. En les étudiant, les géologues ont pu calculer l'âge de notre planète et découvrir les grands événements qui l'ont façonnée.

La chondrite est constituée de petits grains cristallins.

LA PLUS VIEILLE ROCHE CONNUE
Les plus vieilles roches connues proviennent de l'espace. Ce spécimen de chondrite, par exemple, aurait 4 600 millions d'années. Bien que ce soit l'âge présumé de la Terre, les premières roches conservées sur notre planète sont un peu plus jeunes : elles n'ont que 4 200 millions d'années.

LA FORMATION DES ROCHES AUJOURD'HUI
De nouvelles roches se forment en permanence à la surface de la Terre et dans la croûte terrestre. Cette photographie prise de l'espace montre le delta du Nil en Égypte. Quand le Nil atteint la mer Méditerranée, les sédiments transportés par le fleuve se déposent au fond de la mer. Avec le temps les couches de sédiments formeront une nouvelle roche qui témoignera de l'état de l'environnement au XXe siècle.

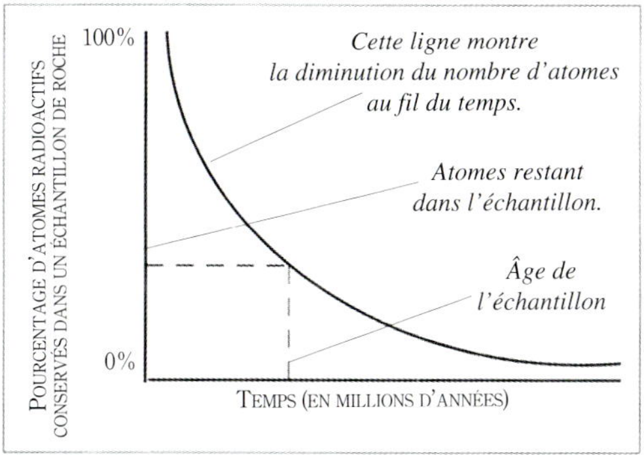

Datation radiométrique

Les scientifiques ont découvert une manière précise de déterminer l'âge des roches : la datation radiométrique. Certains atomes radioactifs contenus dans les roches se désintègrent au fil du temps. En mesurant le nombre d'atomes restant dans une roche, il est donc possible de calculer son âge.

Le témoignage des fossiles

Comprenant que les espèces animales et végétales avaient évolué avec le temps, l'ingénieur anglais William Smith (1769-1839) fut le premier à estimer l'âge des roches à partir des fossiles.

William Smith

Cette ammonite fossile a été préservée dans une roche sédimentaire qui s'est formée au début du Jurassique (voir page 144).

La coquille de l'ammonite était divisée en loges.

Ammonite fossilisée

La datation des fossiles

Nous savons que les dinosaures ont disparu de notre planète. La radiométrie nous apprend qu'ils vécurent entre 245 à 65 millions d'années avant notre ère. Toute roche qui contient des fossiles de dinosaures s'est donc formée entre ces deux dates. Ainsi il est possible de dater les roches avec précision en étudiant les fossiles qu'elles contiennent.

QU'EST-CE QU'UN MINÉRAL ?

Animal, végétal ou minéral ? Ces trois mots sont souvent utilisés pour décrire le monde qui nous entoure. Les minéraux sont des corps solides présentant une formule chimique fixe. Ils possèdent des caractéristiques qui les identifient et constitue leur valeur.

Vermiculite à l'aspect perlé.

VERMICULITE

Chaque minéral est différent des autres. La vermiculite, par exemple, est un mica de forme tabulaire et d'aspect légèrement perlé, d'un poids et d'une dureté spécifiques : ces caractéristiques la différencient de tous les autres minéraux.

Lépidolite, une sorte de mica.

COULEUR ET FORME

Violet, brillant et hexagonal (à six faces), le lépidolite a une couleur et un faciès (forme) reconnaissables : ces deux caractéristiques servent à identifier tous les minéraux (voir pages 24-25).

www.mnhn.fr/mnhn/mineralogie/

• La collection de minéralogie et la documentation du Museum national d'Histoire Naturelle

Modèle de structure atomique d'un minéral organisée en feuillets.

AGENCEMENT DES ATOMES

Chaque minéral a une structure atomique rigide dont l'agencement ne varie pas. Les atomes peuvent constituer des couches planes faiblement liées ou des sphères serrées. Chaque structure donne à un minéral des propriétés différentes : couleur, forme, dureté, poids et clivage.

Cristaux tabulaires caractéristiques

CLIVAGE

De nombreux minéraux se fragmentent en suivant un plan de moindre résistance ou plan de clivage. Le mica se clive en fines lamelles. Il est en effet constitué d'atomes d'oxygène et de silicium fortement liés entre eux, et séparés par des atomes de fer, de potassium et de magnésium faiblement liés entre eux.

Fine lamelles de mica

Lamelles séparées selon les plans de clivage.

FORMATION DES ROCHES

Les minéraux s'assemblent et se combinent pour former des roches. Cette pegmatite (variété de granite à grands cristaux) est formée de trois minéraux : mica, quartz et feldspath. Les minéraux se sont formés lors du refroidissement lent d'un magma en profondeur.

Grands cristaux de mica

Formation des minéraux

Les minéraux proviennent d'environnements très divers : depuis les os humains jusqu'aux entrailles de la Terre. Ils naissent de corps simples appelés éléments chimiques et subissent l'influence de la température et de la pression au cours de leur développement. Certains minéraux, comme le grenat, mettent des centaines de milliers d'années à se former, résultat de la modification d'une roche par la chaleur et la pression. Des cristaux d'olivine peuvent, au contraire, grandir de plusieurs mètres en une heure.

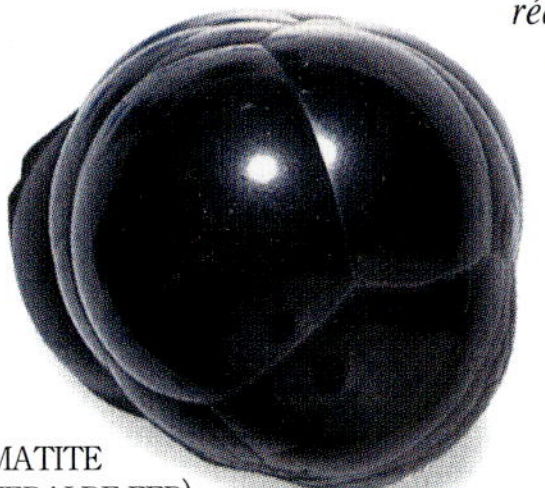

HÉMATITE
(MINERAI DE FER)

RÉALGAR
(MINERAI
D'ARSENIC

GALÈNE
(MINERAI DE PLOMB)

LES FILONS MINÉRAUX

De l'eau chaude circule dans la croûte terrestre, sous les volcans et au niveau des sources hydrothermales par exemple. Cette eau charrie une quantité importante d'éléments dissous – sorte de “soupe chimique”. En refroidissant, cette “soupe” laisse des minéraux en dépôt, formant des filons minéraux dans les fissures ou les cavités rocheuses. Ces filons contiennent souvent des minerais précieux comme l'hématite, le réalgar ou la galène.

GRENATS DANS UN SCHISTE

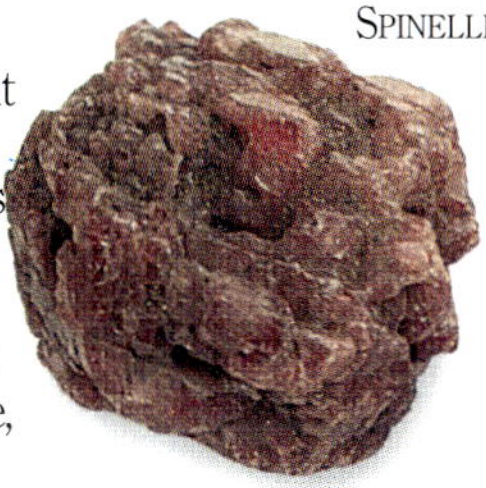

SPINELLE

LES MINÉRAUX MÉTAMORPHIQUES

De nouveaux minéraux se forment quand la chaleur et la pression agissent sur les roches existantes et les transforment : ce processus est appelé métamorphisme. Il peut se produire, par exemple, lors de la formation des montagnes. Les minéraux métamorphiques ont souvent une belle forme cristalline. Des pierres comme le grenat et le spinelle appartiennent à ce type de minéraux.

MAGNÉTITE

LES MINÉRAUX MAGMATIQUES

Le magma et la lave, en se refroidissant, forment les roches magmatiques (voir page 26). Ces roches sont constituées d'un petit groupe de minéraux communs qui se partagent les substances chimiques du magma. La magnétite et l'olivine sont deux minéraux formés dans ces conditions.

OLIVINE

L'olivine est transparente.

SYLVINE

LES MINÉRAUX SÉDIMENTAIRES

Les minéraux peuvent se former à la surface de la Terre. Par exemple, l'eau de mer, en s'évaporant, dépose des minéraux comme la sylvine ou la calcite (qui constitue le squelette de nombreux animaux marins et donne les calcaires).

CALCITE

Cristaux blancs de calcite

Identification des minéraux

Chaque minéral possède un ensemble unique de propriétés qui permet de l'identifier : six des plus importantes propriétés sont présentées en page suivante. Pour chaque minéral étudié, ces six propriétés apparaissent dans un encadré. Les minéraux peuvent aussi être regroupés en fonction de leur symétrie cristalline (régularité des formes). Les symboles jaunes présentés ci-dessous représentent les principaux systèmes cristallins.

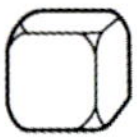

Système cubique

Ce système présente la symétrie la plus régulière. La pyrite, parfois appelée l'or des fous, l'illustre bien.

Pyrite

Système monoclinique

Le gypse appartient à ce système le plus courant, dont la symétrie est moins régulière que celle du système cubique.

Sélénite (variété de gypse)

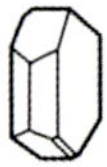

Système triclinique

Les cristaux de ce système ne présentent qu'un centre de symétrie. L'axinite, minéral rare, appartient à ce système.

Axinite

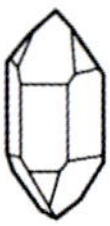

Système rhomboédrique/hexagonal

Le béryl, pierre précieuse dont les plus importantes variétés sont l'aigue-marine et l'émeraude, appartient au système hexagonal.

Émeraude (variété de béryl)

Système orthorhombique

Les cristaux ont la forme de prismes droits à base rectangle. La barytine fait partie de ce système.

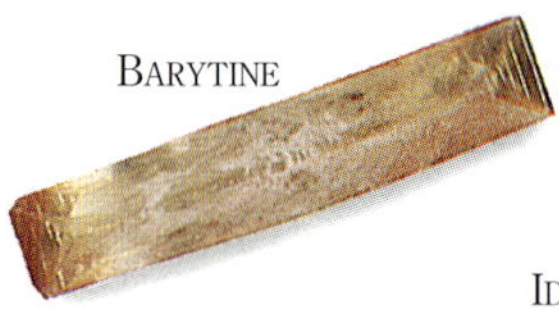

Barytine

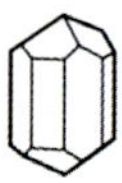

Système quadratique

Les cristaux sont des prismes droits à base carrée. L'idocrase (voisin des grenats) appartient à ce système.

Idocrase

TALC

• POIDS SPÉCIFIQUE
On définit le poids spécifique d'un minéral en comparant son poids à celui d'un volume égal d'eau. Celui du platine est de 21,4.

PLATINE

• DURETÉ
Plus un minéral est dur plus il est difficile à rayer. L'échelle de Mohs permet de mesurer la dureté des différents minéraux. Le talc, le plus tendre de tous, a une dureté de 1 sur l'échelle de Mohs.

CINABRE ET SA TRACE

• TRACE
Lorsqu'on broie un minéral, la poudre obtenue laisse une trace de couleur spécifique. Le cinabre laisse une trace qui va du brun-rouge à l'écarlate.

AZURITE

• COULEUR
L'azurite peut être identifiée par sa couleur bleue. Si un minéral a plusieurs couleurs, il faut l'identifier par d'autres moyens.

BISMUTH

CÉLESTINE

• TRANSPARENCE
On dit d'un minéral qu'il est transparent lorsqu'il laisse passer la lumière. Dans le cas contraire, on parle d'un minéral opaque. La célestine est un minéral transparent.

• ÉCLAT
La façon dont un minéral réfléchit la lumière est appelée éclat. Ce spécimen de bismuth a un éclat métallique brillant.

Couleur et forme des minéraux

RUBIS ET SAPHIRS NON TAILLÉS

La beauté des minéraux est due à leur couleur et à leur forme. Certains ont plusieurs couleurs. Par exemple, le rubis rouge et le saphir bleu sont deux variétés de corindon. Au contraire, le jaune est l'unique couleur du soufre, ce qui facilite son identification. La forme également permet d'identifier les minéraux : par exemple la malachite se reconnaît à ses volutes typiques. Le corindon développe des cristaux bien formés.

QUARTZ
Les cristaux de quartz pur n'ont pas de couleur. Des couleurs apparaissent lorsque des impuretés chimiques entrent dans la structure des cristaux.

GYPSE
Des fibres de gypse constituent ce spécimen de composition pure et de couleur blanche.

ARGENT
L'argent natif présente un aspect arborescent. Sa couleur caractéristique permet de l'identifier.

OR
Les pépites usées et polies par l'eau sont l'une des formes caractéristiques du précieux or jaune.

SOUFRE
Ce minéral est jaune car il absorbe uniquement certains rayons de lumière.

ŒIL DE TIGRE
Cette variété de quartz présente un aspect et des couleurs rappellant la robe du tigre.

semsci.u-strasbg.fr/mineralc.htm

• Les couleurs en minéralogie

RUBIS
De minuscules inclusions (d'autres minéraux inclus dans le cristal) donnent ce bel effet d'étoile à ce rubis rouge.

TOURMALINE
Ce cristal montre deux des nombreuses couleurs de la tourmaline, dues à des impuretés chimiques.

MALACHITE
On la reconnaît à ses volutes, toujours d'un beau vert chatoyant.

TURQUOISE
Ce minéral présente toujours un aspect granulaire ou massif, c'est-à-dire sans forme particulière.

FLUORITE
La fluorite présente souvent une macle (cristaux jumeaux avec interpénétration partielle).

CLINOCLASE
Ce minéral rare se développe en rosettes fibreuses bleues et brillantes à la surface d'autres minéraux.

HALITE
Des erreurs dans la structure de ce spécimen lui ont donné cette couleur. La halite pure est blanche.

LABRADOR
Ce labrador irisé présente des couleurs qui font penser à une tache d'huile à la surface de l'eau.

HÉMATITE
Cette hématite irisée est une variété inhabituelle de ce minéral.

QU'EST-CE QU'UNE ROCHE ?

La tourbe et le granite sont bien différents. Il s'agit pourtant de deux roches. Les roches sont des combinaisons de minéraux. Les géologues les classent selon leur mode de formation. On en distingue trois types : magmatiques, métamorphiques et sédimentaires.

GRANITE (ROCHE MAGMATIQUE)

Granite

LES ROCHES MAGMATIQUES

Le granite est une roche magmatique. En refroidissant lentement en profondeur, le magma se solidifie et forme ce type de roche. Les fragments de granite dans la brèche (conglomérat) se sont ainsi formés au sein de la croûte terrestre.

BRÈCHE
Ce type de roche est connu sous le nom de brèche. Il s'agit d'une roche sédimentaire constituée de fragments pré-existants des trois principaux types de roches. Les géologues peuvent découvrir l'histoire de cette roche en étudiant ces fragments.

CALCAIRE OOLITHIQUE (ROCHE SÉDIMENTAIRE)

LES ROCHES SÉDIMENTAIRES
Cette roche est un calcaire oolithique, roche sédimentaire qui se forme dans l'eau de mer. Des fragments de cette variété de calcaire dans la brèche indiquent qu'elle s'est formée sur une région jadis recouverte par la mer. Les roches sédimentaires témoignent des événements géologiques survenus à la surface de la Terre.

GNEISS RUBANÉ (ROCHE MÉTAMORPHIQUE)

LES ROCHES MÉTAMORPHIQUES
Elles ont subi des températures et des pressions fortes, lors de la formation des montagnes et renseignent sur les transformations de la croûte terrestre (ici, le gneiss).

Le cycle d'une roche

Chaleur, pression, altération et érosion sont les principaux processus qui interviennent dans le cycle des roches. Les éléments et les minéraux qui forment les roches ne sont jamais détruits mais sont constamment recyclés.

FORMATION DES ROCHES MAGMATIQUES

Le magma (1) se refroidit, se solidifie et forme les roches magmatiques, soit dans la croûte terrestre (formation de dykes, ou de filons) (2), soit à la surface (lave émise par les volcans).

ÉROSION ET ALTÉRATION

Les mouvements de la croûte terrestre font remonter les roches à la surface de la Terre. Le vent, la pluie et la glace provoquent la désagrégation des roches. Les glaciers (3) et les rivières (5) emportent les roches désagrégées loin de leur site d'origine.

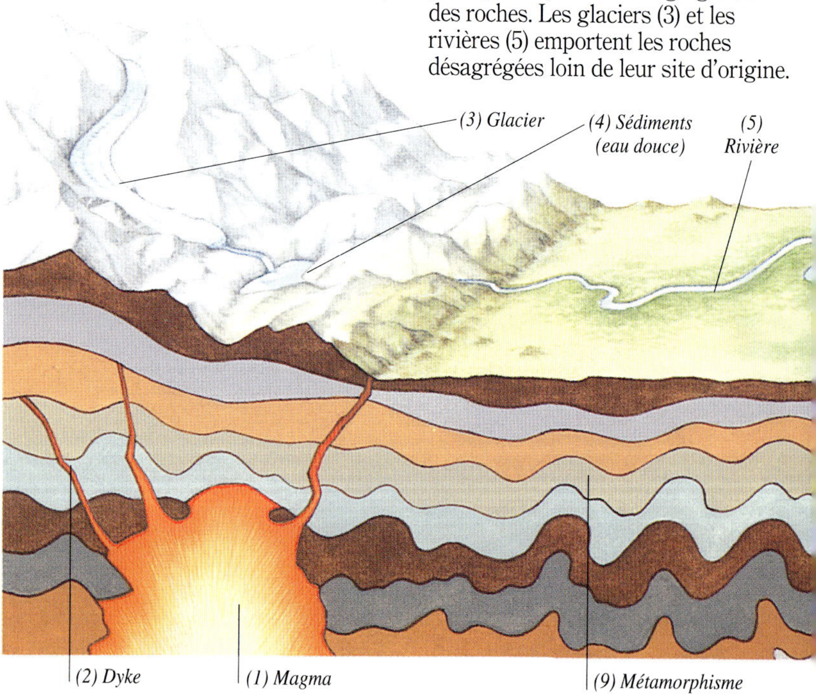

Dépôt et métamorphisme

Les particules de roches se déposent sous forme de sédiments sur terre (6), dans les lacs (4), les deltas (7) ou plus loin dans la mer (8). Les dépôts forment des couches de sédiments (strates). Le poids des couches successives comprime et cimente les particules. Si le processus s'arrête là, des roches sédimentaires sont formées. Si les roches sont plus profondément enfouies et chauffées, la chaleur et la pression transforment les roches et les minéraux existants pour en former de nouveaux : c'est le métamorphisme (9).

Des roches recyclées

Une chaleur et des pressions intenses peuvent faire fondre les roches (11), par exemple, lorsqu'une plaque de la lithosphère passe en subduction sous une autre (10). Une partie de ce nouveau magma remonte à la surface de la Terre par les volcans (12). Le magma est émis sous forme de lave (13), puis il durcit pour former une nouvelle roche magmatique. Il arrive que le magma reste dans la croûte terrestre. Quand ce magma refroidit, il forme des massifs intrusifs, comme les dykes, et le cycle des roches recommence.

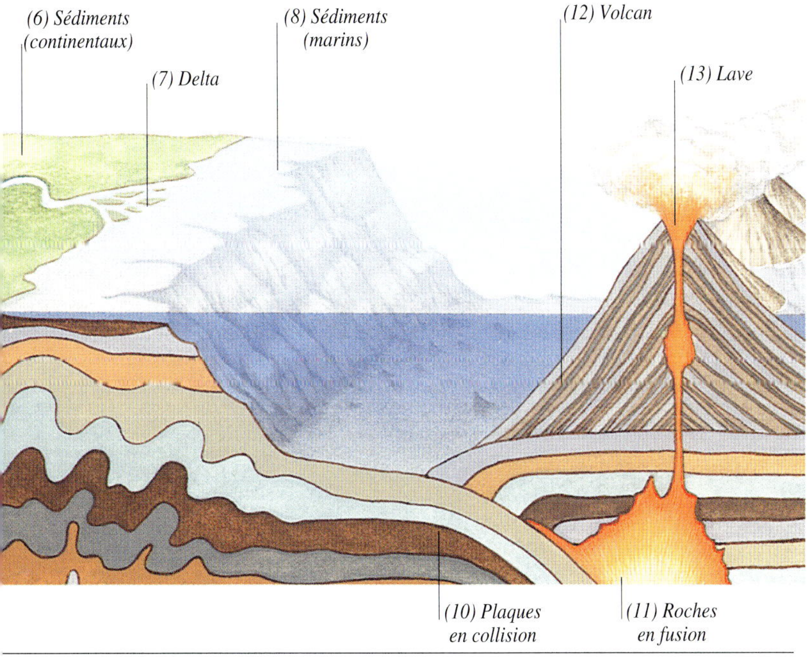

Identification des roches

Chaque roche possède des caractéristiques distinctes, identifiables par une simple observation. Par exemple, les roches magmatiques et métamorphiques sont composées de cristauxde différents minéraux enchevêtrés, de manière inorganisée pour des roches magmatiques, suivant des structures précises (foliations) pour les roches métamorphiques. Les roches sédimentaires sont composées de particules de roches et de minéraux cimentés entre eux. Ces deux pages exposent les principales caractéristiques des trois types de roches.

ROCHES MAGMATIQUES

GABBRO

BASALTE

GRANITE BLANC

REFROIDISSEMENT LENT
Les roches magmatiques se formant au sein de la croûte terrestre se refroidissent lentement. Elles présentent souvent une structure à grands cristaux bien formés.

REFROIDISSEMENT RAPIDE
Le basalte est un exemple de roche magmatique qui s'est formée à la surface de la Terre. Elle a refroidi rapidement et sa texture ne présente que des petits cristaux peu développés.

COULEUR
Les roches magmatiques de couleur claire (granite), sont souvent riches en silice. Au contraire, celles de couleur sombre (gabbro), sont pauvres en silice.

Roches métamorphiques

Micaschiste

Ardoise contenant de la pyrite

Gneiss rubané

Foliation
La pression peut aligner les cristaux dans les roches métamorphiques. Cela donne à certaines roches un aspect feuilleté typique.

Présence de minéraux
Certains minéraux, tels la pyrite de cette ardoise, se forment à des conditions de pression et de température relativement basses.

Taille des cristaux
Les grands cristaux se sont formés lentement au cours d'une longue “cuisson”, à des températures et des pressions élevées.

Roches sédimentaires

Conglomérat

Grès “grain de millet”

Calcaire lacustre

Taille des particules
La taille des particules qui constituent les roches sédimentaires est variable – du microscopique au très gros. Un conglomérat est fait de grosses particules.

Forme des particules
Leur forme dans les roches sédimentaires montre comment elles ont été transportées. Les vents du désert ont arrondi les particules de ce grès.

Présence de fossiles
On ne trouve pas de fossiles dans les roches magmatiques, et rarement dans les roches métamorphiques. On en trouve dans de nombreuses roches sédimentaires.

LES MINÉRAUX

LE DIAMANT

DIAMANTS COLORÉS

L'éclat incomparable du diamant fait de cette pierre la plus précieuse de toutes. Depuis des siècles, joailliers et diamantaires travaillent le diamant. On l'utilise aussi dans l'industrie parce qu'il est le plus dur des minéraux. Les scies et les forets équipés d'un diamant peuvent couper n'importe quelle autre matière.

DIAMANT NATIF
Des diamants comme celui-ci (originaire d'Afrique du Sud) se trouvent dans une variété de roche volcanique rare appelée kimberlite. On les trouve aussi dans le lit des rivières où l'on peut les confondre avec les cailloux.

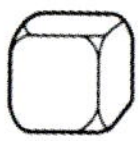

CUBIQUE

PROPRIÉTÉS
• Dureté : 10
• Poids spécifique : 3,52
• Couleur : incolore, blanc ou diversement coloré
• Trace blanche
• Transparent à opaque
• Éclat adamantin (brillant) à gras

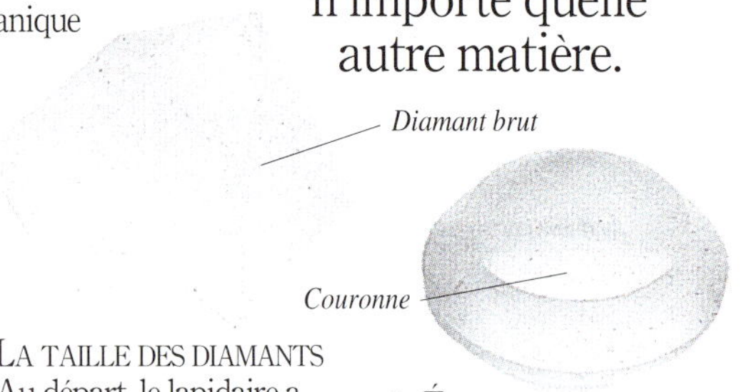

LA TAILLE DES DIAMANTS
Au départ, le lapidaire a entre les mains un diamant brut qu'il va tailler et polir. À l'aide d'une loupe, il examine le grain (plans de clivage) et repère les défauts et les impuretés en veillant à leur position par rapport à la taille.

1 ÉBRUTAGE DES PIERRES
Le lapidaire enlève la partie supérieure de la pyramide du diamant brut puis il arrondit la pierre en la frottant contre un autre diamant. On appelle cela ébruter le diamant.

www.mnhn.fr/expo/diamants/index.html
• Photographies et documentation sur les diamants

Formation dans les profondeurs

Les diamants se forment dans le manteau de la Terre dans des conditions de chaleur et de pression extrêmes. À 150 km de profondeur ils développent une structure atomique compacte (voir p. 61) qui leur donne leur dureté. Les diamants sont propulsés par les éruptions volcaniques à la surface de la Terre.

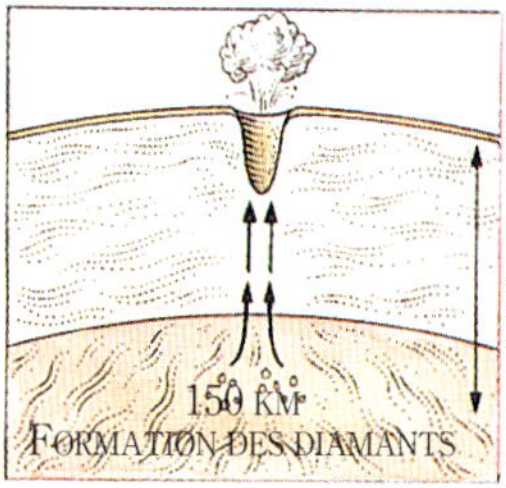

FORMATION DES DIAMANTS

BROCHE SERTIE DE DIAMANTS ÉTINCELANTS

Étalonnage

On classe les diamants selon quatre propriétés : taille, clarté, couleur et carat. Un carat est une unité de poids (0,20 g).

Taille en brillant

Facettes taillées par multiples de quatre

4 Taille en brillant

Un diamant "pleine taille" (taillé en 57 facettes), porte le nom de brillant.

Facette en "table"

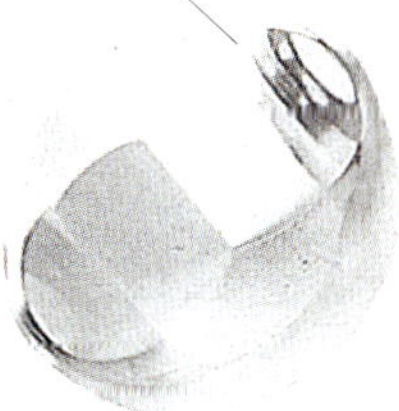

3 Facettes supplémentaires

La taille ajoute des facettes par multiple de quatre, au sommet et à la base de la pierre (8, 16 facettes, etc. selon la valeur de la pierre).

2 Dops et table

La taille continue, le diamant étant fixé à un support qu'on appelle un "dop". Le lapidaire taille une facette plate, ou "table", en utilisant une meule en fer recouverte de poussière de diamant.

Un outil tranchant

Le diamant est utilisé dans l'industrie comme outil tranchant et abrasif. Les instruments de forage, les scalpels de chirurgie sont munis de diamants à leur extrémité.

FORET À DIAMANT

LES ROCHES SALINES

La halite et la sylvite font partie des minéraux constituant les roches salines : formés par évaporation d'eau salée, ils se dissolvent à nouveau quand ils sont placés dans de l'eau douce.

HALITE (SEL GEMME)

La halite est plus connue sous le nom de sel de table. Elle est reconnaissable à son goût. On la trouve aux abords de nos mers et de nos lacs sous des climats chauds et secs, et sous la terre dans des régions où ces conditions furent un jour réunies. Sous la mer du Nord se trouvent des couches de halite qui se sont formées il y a 260 millions d'années.

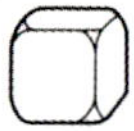

CUBIQUE

PROPRIÉTÉS

- Dureté : 2
- Poids spécifique : 2,1 - 2,2
- Couleur : blanc, orange, rouge, violet, bleu, noir
- Trace blanche
- Transparente à translucide
- Éclat vitreux

UNE MER TRÈS SALÉE

La mer Morte, au Moyen-Orient (ici sur une gravure du XIXe siècle) est l'une des mers les plus salées. Elle contient une telle quantité de sel qu'on y flotte facilement. Les sels gemmes se forment aux abords des rivages.

Pot à sel

Sous des dômes

Des couches de sel gemme (1) datant de millions d'années peuvent, sous l'effet de la pression, remonter (2) vers la surface de la Terre. Elles forment des dômes, parfois larges de plusieurs kilomètres, et des culots (3) qui peuvent renfermer des réserves de pétrole et de gaz (en noir sur le croquis).

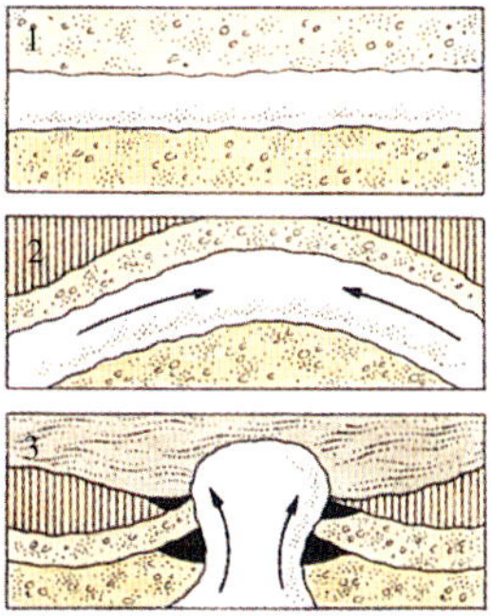

Des éléments vitaux

La halite est composée de deux éléments : le sodium et le chlore. La combinaison de ces deux éléments toxiques les rend inoffensifs, et essentiels à la vie.

Sylvite (ou sylvine)

La sylvite au goût amer est plus rare que la halite. Elle se forme après l'évaporation des lacs salés et des mers. La sylvite est une source de potassium, utilisé pour fabriquer des engrais.

Cristaux cubiques transparents

Il existe des sylvites de plusieurs couleurs, mais la trace est toujours blanche.

Faces étagées sur un cristal de halite.

Cristallisation

Les cristaux cubiques de sel gemme peuvent se former à partir de solutions saturées. Les cristaux qui se forment plus vite sur les bords que sur les faces sont dits "en trémie", avec des dépressions régulières ou étagées sur chaque face.

La calcite

La plupart des coquillages et le calcaire contiennent de la calcite. Ce minéral formateur de roches est très répandu à la surface de la Terre. La calcite se dissout dans l'eau et précipite dans toutes les étendues d'eau.

"Clous" de calcite

Calcite en tête de clou
Cette calcite en tête de clou, formée dans un filon minéral, est ici associée à de la galène – le minerai du plomb. Les cristaux de calcite dans la tige du "clou" ont des formes légèrement différentes de ceux de la tête.

Plan de clivage

Dent de chien
On donne ce nom à une forme de calcite en raison de son aspect pointu et aiguisé. On voit bien les plans de clivage sur ce spécimen.

Rhomboédrique/Hexagonal

Perle en forme de dôme à l'intérieur d'une huître

Coquilles et perles
De nombreux animaux marins puisent le calcium dans l'eau pour fabriquer leurs coquilles, protectrices et dures. Les perles aussi sont faites de calcite.

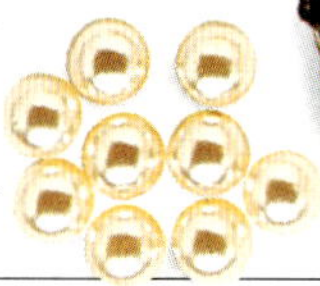

Croissance d'une roche

Les stalactites pendent des plafonds des grottes de calcaire, formées par la précipitation de la calcite contenue dans l'eau qui s'égoutte et que la chaleur et les basses pressions de la grotte font s'évaporer en laissant un léger dépôt minéral. Des stalagmites se forment là où l'eau est tombée sur le sol.

Anneaux de croissance

Les stalactites grandissent de quelques millimètres par an.

Des terrasses de calcite

Celles-ci (chutes de Pammukale, en Turquie) se sont formées par précipitation de la calcite contenue dans les sources chaudes.

Galène

Propriétés

- Dureté : 3
- Poids spécifique : 2,71
- Couleur : blanc ou incolore, gris, rouge, brun, vert, noir
- Trace blanche
- Transparente à translucide
- Éclat vitreux, nacré ou terne.
- Effervescente à l'acide.

Une image dédoublée

Une image vue à travers un morceau de calcite apparaît dédoublée. C'est l'effet de la double réfraction.

Double réfraction dans de la calcite transparente.

LA BARYTINE

Si vous soupesez un échantillon de barytine (ou barytite), vous serez surpris par son poids. Ce minéral pèse plus beaucoup lourd que son aspect cristallin ne le laisse supposer, plus lourd même que certains métaux. On l'utilise dans l'industrie et dans la vie quotidienne.

BARYTINE EN CRÊTE DE COQ
Formée dans des sites variés, depuis les sources chaudes volcaniques aux filons minéraux, ses formes sont très diverses. Le spécimen ci-contre présente des cristaux tabulaires formant des masses arrondies.

BARYTITE CRISTALLINE

ORTHORHOMBIQUE

BARYTINE PULVÉRISÉE
Les cristaux de barytine, mous et faciles à broyer, entrent dans la composition de la peinture et du papier. Elle sert aussi à refroidir et à lubrifier les forets pendant la prospection du pétrole.

Les cristaux qui ont grandi à partir du centre forment des "pétales".

Éclat nacré sur la surface des cristaux tabulaires.

Propriétés

- Dureté : 3 - 3,5
- Poids spécifique : 4,5
- Couleur : incolore à blanc, ou diversement coloré
- Trace blanche
- Tranparente à translucide
- Éclat vitreux à nacré

Rose du désert
Cette rose du désert a été formée après une rapide évaporation de l'eau due à la sécheresse. Les impuretés contenues dans l'eau ont formé un dépôt qui a donné ces cristaux en forme de pétales de rose.

Le poids spécifique élevé de la barytine permet de l'identifier.

Le gypse

Cristaux de sélénite (gypse)

Le plâtre de Paris, l'albâtre, les engrais et certains explosifs contiennent tous du gypse. Ce minéral se forme à la surface de la Terre, après évaporation des eaux, ou dans les boues qui entourent les sources chaudes volcaniques. Le gypse est extrêmement commun, on l'extrait à grande échelle dans le monde entier.

Croissance des cristaux à partir d'un point central.

Gypse

Gypse marguerite
Les cristaux de gypse peuvent prendre la forme de fibres ou d'aiguilles qui partent d'un point central comme les pétales d'une marguerite. Il arrive que l'on trouve plusieurs bouquets de ces "fleurs" dans un gisement.

Cristaux maclés translucides

Masse de cristaux

Cristaux maclés
Les cristaux de gypse se forment souvent par deux : les cristaux d'un même minéral peuvent croître ensemble, mais dans des directions légèrement différentes. On parle alors de cristaux maclés. La forme particulière de ces cristaux, trouvés à Winnipeg au Canada, vaut à ce gypse le nom de gypse fer de lance.

PLÂTRE DE PARIS
Chauffé, le gypse donne une poudre blanche appelée plâtre de Paris qui durcit quand elle est mélangée à l'eau.

DÉCORATION MURALE EN PLÂTRE DE PARIS

MONOCLINIQUE

SÉLÉNITE
Le plus souvent, les cristaux du sélénite, gypse transparent, se forment après évaporation de l'eau de mer. S'alourdissant, ils descendent au fond de la mer et sont enfouis dans les sédiments.

Cristal de sélénite en forme de diamant.

PROPRIÉTÉS

- Dureté : 2
- Poids spécifique : 2,32
- Couleur : blanc, gris ou diversement coloré
- Trace blanche
- Transparent à opaque
- Éclat vitreux

ALBÂTRE
Tendre et souvent coloré, l'albâtre est constitué de masses de gypse granuleux.
Ces cylindres d'albâtre décoré, sculptés environ 2000 ans av. J.-C., en Assyrie (Iraq), servaient d'ornements. L'albâtre se détériore avec le temps sous un climat humide.

LE BÉRYL

Le béryl change de nom et de valeur en changeant de couleur. Pur, il est incolore, mais l'émeraude et l'aigue-marine en sont les deux variétés les plus connues. Le béryl est rare et très dur ; ses qualités et ses couleurs en font une séduisante pierre précieuse.

DES CRISTAUX PRISMATIQUES
Le béryl se forme en profondeur dans la croûte terrestre et se trouve le plus souvent dans des granites et des pegmatites (à larges cristaux). Ici, des cristaux de béryl prismatiques (plus allongés dans une direction que dans l'autre).

BÉRYL TAILLÉ

COULEURS
C'est la présence d'impuretés qui donne au béryl ses différentes couleurs. Le chrome et le vanadium colorent l'émeraude en vert. Le manganèse donne à la morganite (béryl rose) sa couleur.

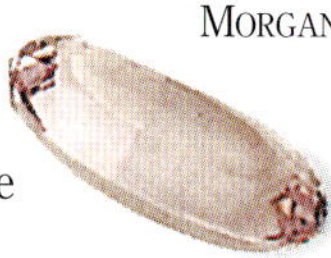

MORGANITE

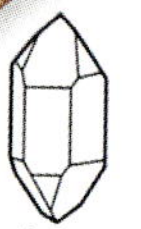

RHOMBOÉDRIQUE HEXAGONA

HÉLIODORE
Le fer donne à l'héliodore sa riche couleur jaune. Cette variété rare de béryl doit son nom à Hélios, dieu grec du soleil.

Émeraude dans une masse de cristaux de calcite.

ÉMERAUDE
Le béryl vert est plus connu sous le nom d'émeraude. Les plus beaux spécimens viennent de Colombie où on les extrait depuis des siècles. On en trouve aussi au Pakistan, en Zambie et au Zimbabwe. Ici, une émeraude prismatique insérée dans des cristaux de calcite.

Cristal de béryl prismatique

LA COULEUR DE LA MER
L'aigue-marine a la couleur de la mer, ce qui lui valut son nom. C'est le fer qui donne à cette variété de béryl sa couleur. L'aigue-marine a moins de valeur que l'émeraude, mais elle était très recherchée en joaillerie au XIXe siècle.

Couleur due à la présence d'une faible quantité de fer.

PROPRIÉTÉS

- Dureté : 7 - 8
- Poids spécifique : 2,6 - 2,9
- Couleur : incolore ou blanc quand il est pur, ou diversement coloré
- Trace blanche
- Transparent à translucide
- Éclat vitreux

ÉMERAUDES D'ESPAGNE
Les Espagnols ont introduit les émeraudes de Colombie en Europe au XVIe siècle. Elles faisaient partie des trésors volés aux civilisations d'Amérique Centrale et du Sud. Cette broche espagnole en or sertie de 66 émeraudes date de 1650 environ.

LE QUARTZ CRISTALLIN

Le sable des plages et l'améthyste sont constitués de quartz. Très commun dans la croûte terrestre, on le trouve dans de nombreuses roches. Soumis à une pression, les cristaux de quartz produisent une charge électrique. Cette propriété (piézo-électricité) confère au quartz de nombreuses utilisations et contribue à sa valeur.

CRISTAUX DE QUARTZ
Très typiques – six faces surmontées d'une pyramide –, les cristaux de quartz sont courants dans les collections de minéraux. Le quartz est un minéral résistant, d'une dureté de 7 sur l'échelle de Mohs. Il est plus résistant que certaines pierres précieuses.

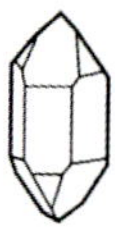

RHOMBOÉDRIQUE/
HEXAGONAL

PROPRIÉTÉS

- Dureté : 7
- Poids spécifique : 2,65
- Couleur : incolore, blanc et diversement coloré
- Trace blanche
- Transparent à translucide
- Éclat vitreux

Gravure du XIXe siècle

FILONS MINÉRAUX
Les filons (veines) sont des fissures ou des défauts des roches dans lesquels circulent des eaux chaudes riches en éléments minéraux. Les cristaux de quartz se forment quand les eaux refroidissent.

Cristal à six faces et à sommet pyramidal, caractéristique du quartz.

AMÉTHYSTE
On appelle améthyste le quartz violet. Sa couleur vient des minuscules quantités de fer qu'elle contient. L'améthyste était très populaire en joaillerie au XIXe siècle.

CITRINE
L'améthyste chauffée lentement devient la citrine, variété jaune du quartz appréciée des collectionneurs car rarement trouvée à l'état naturel.

UNE DÉCOUVERTE
Ce sont les frères Curie, Jacques et Pierre, qui ont découvert les propriétés piézo-électriques des cristaux de quartz.

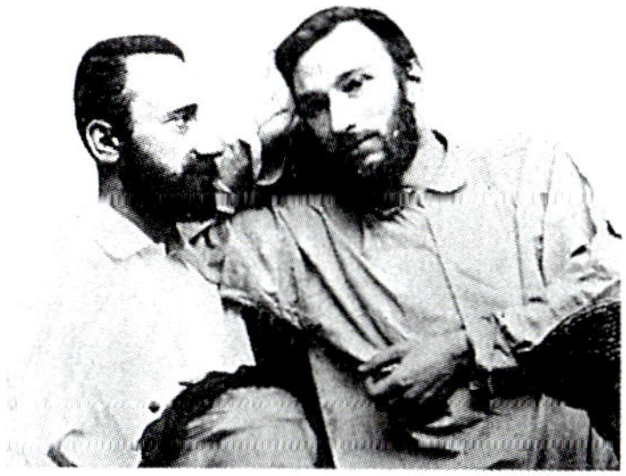

Pointe de lecture

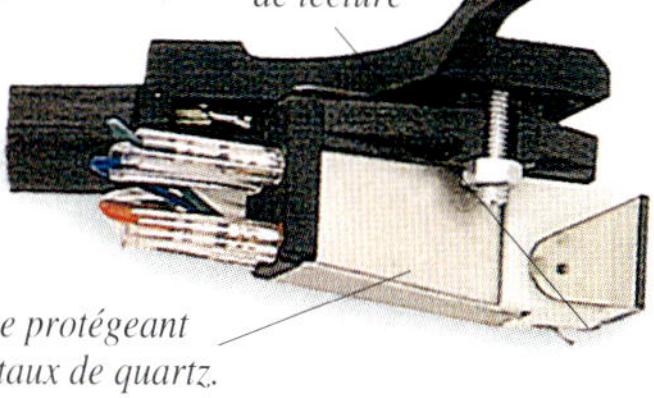

Cache protégeant les cristaux de quartz.

POUR LES TOURNE-DISQUES
Des cristaux de quartz piézo-électriques (invisibles sur la photo) transforment les vibrations provoquées par les sillons sur la pointe de lecture du tourne-disque en charge électrique. Les enceintes convertissent ensuite la charge électrique en son.

LES QUARTZ NON CRISTALLINS

Appelés calcédoine, les quartz non cristallins (l'agate, le jaspe, la cornaline et la chrysoprase, auxquels il faut ajouter deux autres variétés, le silex et l'opale) se sont formés dans des cavités de roches remplies d'eaux riches en silice.

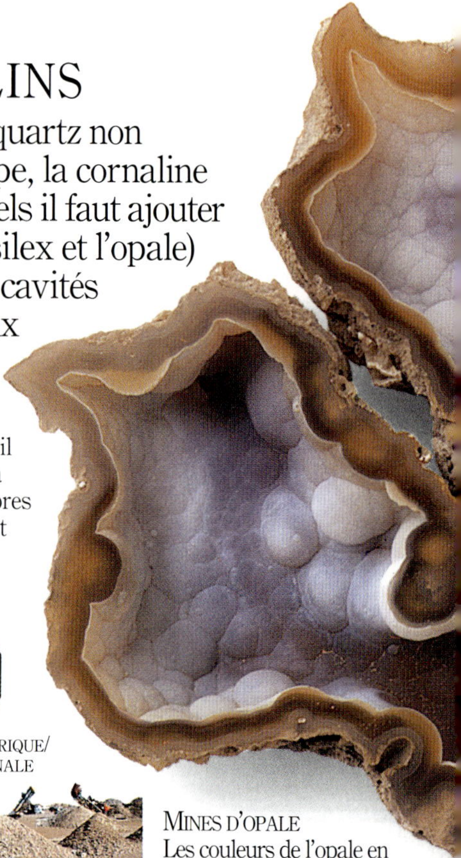

CALCÉDOINE
Ouverte, cette roche trouvée au Brésil révèle son secret : elle renferme de la calcédoine, formée de minuscules fibres de quartz qui grandissent en prenant des formes diverses. Une bordure d'agate entoure le cœur de la roche.

OPALE NOIRE

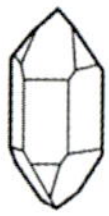

RHOMBOÉDRIQUE/ HEXAGONALE

UNE PIERRE IRIDESCENTE
L'opale est formée de microsphères de quartz non cristallin qui réfléchissent et diffusent la lumière en un riche jeu de couleurs à la surface de la pierre.

MINES D'OPALE
Les couleurs de l'opale en font une pierre précieuse, dont l'essentiel vient d'Australie où elle se forme dans des roches sédimentaires. Ces monticules sont nés de l'exploitation de l'opale à Coober Pedy, dans le sud australien.

SILEX
Les premiers hommes fabriquèrent des outils et des armes avec du silex, résistant mais donnant facilement une cassure coupante. Ce poignard de la fin du néolithique européen (2 750-1 800 av. J.-C.) pouvait être très dangereux.

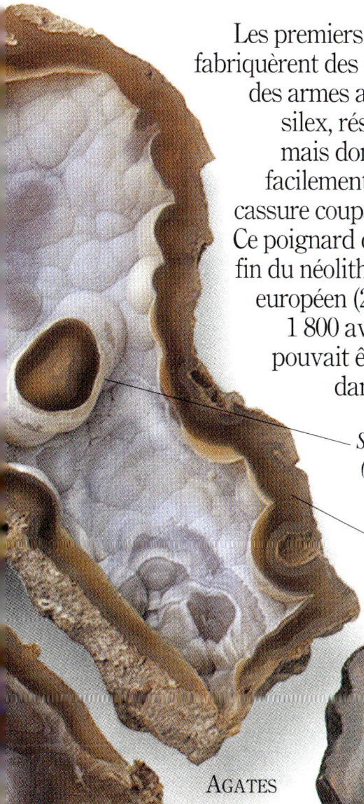

Structure botryoïdale (en forme de grappe de raisin)

Bordure d'agate brunâtre

AGATES

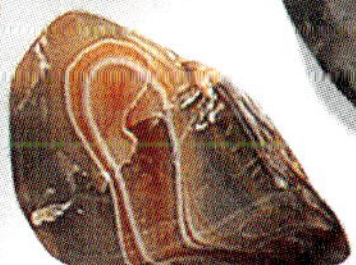

PROPRIÉTÉS

- Dureté : 7
- Poids spécifique : 2,65
- Couleur : incolore ou blanc, et diversement coloré
- Trace blanche
- Translucide ou opaque
- Éclat vitreux à cireux

CALCÉDOINE ZONÉE
L'agate est une variété de calcédoine qui présente des zonations (bandes) colorées, formée le plus souvent en anneaux dans les cavités rocheuses. Le premier se forme sur la paroi d'une cavité, autour de lui les anneaux concentriques se développent successivement.

Agate sectionnée et polie présentant des bandes colorées.

Manche en agate

POIGNARD PERSAN DU XVe SIÈCLE.

Les feldspaths

Un groupe commun de minéraux, les feldspaths, entrent dans la constitution de la plupart des roches, magmatiques, métamorphiques et sédimentaires. Les plus grands des cristaux de feldspath atteignent 6 m de long, les plus petits sont microscopiques. Ses utilisations sont multiples, de la joaillerie fine au bâtiment.

Cristaux maclés d'albite

On trouve de l'albite dans de nombreuses variétés de roches.

Propriétés

- Dureté : 6 - 6,5
- Poids spécifique : 2,6 - 2,63
- Couleur : blanc, parfois gris, vert, rose ou bleu
- Trace blanche
- Transparente à translucide
- Éclat vitreux, à perlé

Albite

Les granites, les schistes et les grès contiennent le plus souvent de l'albite. Cette variété de feldspath présente rarement des cristaux aussi bien formés qu'ici. En général, elle est constituée de grains sans forme bien définie.

Triclinique

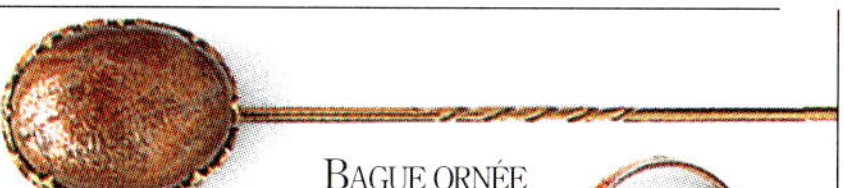

ÉPINGLE ORNÉE D'UNE PIERRE DE SOLEIL

Cristaux bien formés à sommet plat

BAGUE ORNÉE D'UNE PIERRE DE LUNE

PIERRES DE LUNE ET DE SOLEIL
Ces feldspaths ont la qualité des pierres précieuses. L'éclat blanc ou bleu de la première lui est donné par deux variétés de feldspath. De beaux spécimens proviennent de Birmanie, du Sri Lanka et d'Inde. L'éclat de la pierre de soleil est dû à la réflexion de la lumière dans les paillettes d'hématite.

Iridescence

LABRADORITE BLEUE

IRISATION
Des blocs de labradorite, variété de feldspath riche en sodium, présentent parfois un phénomène optique : l'iridescence. Le jeu des couleurs est provoqué par la lumière se réfléchissant dans les couches d'atomes alignées côte à côte à l'intérieur de ce minéral.

LES MICAS

Beaucoup de roches métamorphiques ou magmatiques contiennent du mica. Les micas forment un groupe de minéraux qui développent de grands cristaux formé de feuillets, pour partie siliceux, qui se séparent facilement, comme les pages d'un livre.

Muscovite feuilletée provenant des mines de Gerais, au Brésil.

MUSCOVITE
Nombre de roches magmatiques et métamorphiques contiennent du mica blanc. Ses cristaux les plus grands mesurent jusqu'à 4 m de long et certains pèsent 2 tonnes.

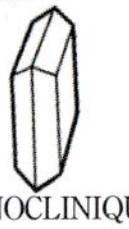

MONOCLINIQUE

PROPRIÉTÉS DE LA MUSCOVITE

- Dureté : 2,5 - 4
- Poids spécifique : 2,77 - 2,88
- Couleur : blanc à grisâtre, et diversement coloré
- Trace incolore
- Transparente à translucide
- Lustre vitreux à nacré

Fines lamelles de mica

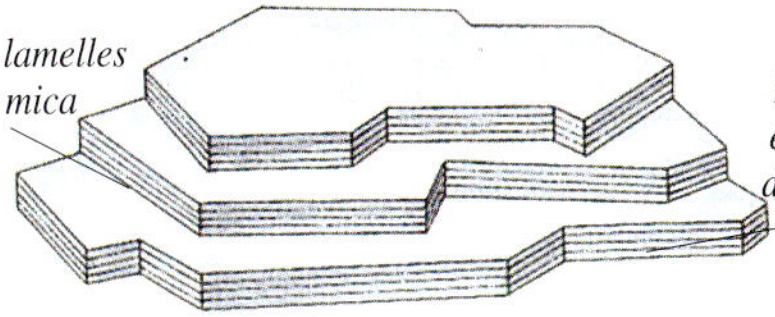

Le mica se sépare en lamelles le long de plans de clivage.

CLIVAGE PARFAIT

Le mica a un clivage parfait (cassure dans une seule direction) : il se sépare en lamelles selon des plans bien précis. La structure interne d'un échantillon type de mica (ci-dessus) montre bien les lamelles qui forment le minéral.

DES BLOCS RÉGULIERS

L'abbé Haüy (1743-1822) remarqua que les cristaux se séparent régulièrement le long de plans de clivage.

GRANDS CRISTAUX PLATS

BIOTITE

Un mica noir, la biotite, contient d'importantes quantités de fer et de magnésium. La présence d'éléments radioactifs permet une mesure radiométrique de l'âge d'une roche contenant de la biotite.

BOUGIE (1935)

Isolant en mica

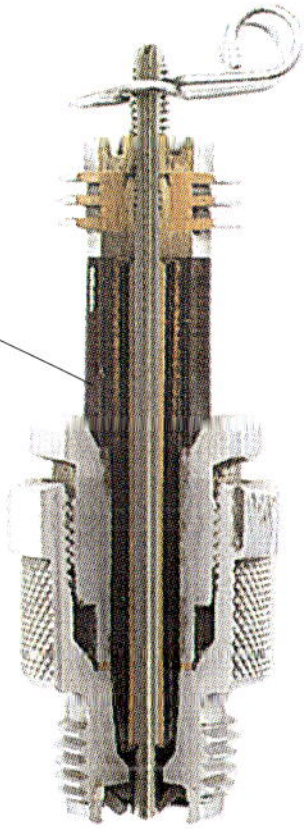

USAGE INDUSTRIEL

Le mica a longtemps été employé dans l'industrie comme isolant (matière qui ne conduit pas l'électricité).

Le corindon

Le rubis et le saphir sont des formes rares du corindon. Ce minéral peut avoir de nombreuses couleurs mais il est incolore à l'état pur. Très dur, il est doté d'un fort indice sur l'échelle de Mohs (9).

RHOMBOÉDRIQUE/ HEXAGONAL

Cristal formé comme deux pyramides soudées par la base.

MINÉRAL SIMPLE
Le corindon est un minéral simple constitué des éléments aluminium et oxygène. Les atomes étroitement serrés de ces éléments, collés fortement entre eux, donnent au corindon sa dureté.

CORINDON PUR

BOUDDHA EN SAPHIR

SAPHIR
Cette variété de corindon, doit sa couleur aux traces de fer et de titane qu'elle contient. On trouve les plus beaux saphirs dans les graviers des rivières du Cachemire. Ils se sont formés dans les roches profondes de la chaîne de l'Himalaya.

Cristaux de saphir et de tourmaline liés.

…ractéristiques
…staux aplatis

TRAVAILLEUR INFATIGABLE
La dureté du corindon en fait un minéral utile. Des petits grains d'émeri (roche constituée de corindon) composent le papier de verre. De nombreuses montres contiennent des rubis qui protègent leur mécanisme.

Montre-bracelet contenant des rubis.

RUBIS
C'est le nom du véritable corindon rouge. La couleur de cette pierre précieuse est due à des traces de chrome. Les plus beaux spécimens proviennent de Birmanie mais aussi d'Afghanistan et du Pakistan. On trouve, le plus souvent, les rubis dans les graviers des rivières.

RUBIS TAILLÉS

Rubis provenant de la région de Mogok, en Birmanie.

RUBIS GUÉRISSEURS
Certaines personnes pensent que les rubis ont un effet préventif sur la maladie.

LE TRÔNE DU PAON
Des milliers de pierres précieuses, dont 108 rubis, ornent le Trône du Paon du Shah Jahan, souverain de la Perse (Iran) au XVIIe siècle.

PROPRIÉTÉS
- Dureté : 9
- Poids spécifique : 4 - 4,1
- Couleur : incolore à l'état pur, diversement coloré
- Trace blanche
- Transparent à translucide
- Éclat vitreux

L'ARGENT

Les fils et les rameaux sont les deux faciès courants de l'argent, sous forme de métal natif ou mélangé à d'autres minéraux. Aujourd'hui, la principale source de ce métal, utilisé dans l'industrie photographique et électronique, est la galène argentifère. La valeur de l'argent vient de sa rareté et de ses nombreuses utilisations. Jadis, on l'utilisait beaucoup en joaillerie et dans la fabrication des pièces de monnaie.

ARGENT NATIF
Sous sa forme native, l'argent se présente souvent sous forme de bouquets de fils. Les plus beaux spécimens proviennent de la région de Kongsberg, en Norvège.

DENDRITES
L'argent natif se trouve aussi sous forme de rameaux, les dendrites. On voit bien les dendrites sur cette matrice de roche trouvée dans le Territoire-du-Nord, en Australie.

APPAREIL PHOTO BROWNIE

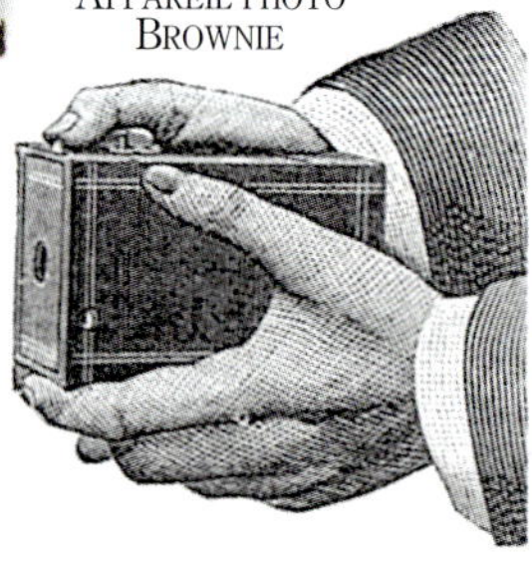

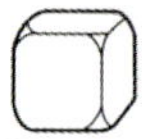

CUBIQUE

PHOTOGRAPHIE
Le Brownie ouvrit l'ère de la photo au début du siècle. Aujourd'hui, la photographie consomme presque tout l'argent exploité dans le monde.

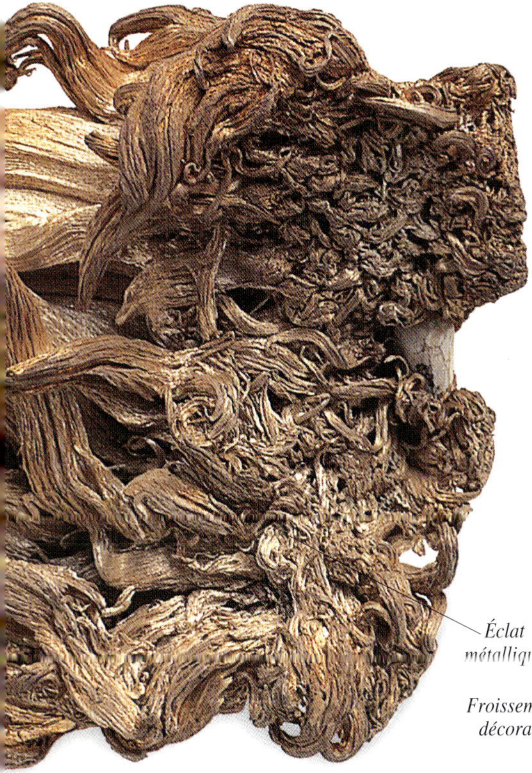

CONCASSEURS DE MINERAI
Aujourd'hui, presque tout l'argent vient de minerais, telle la galène argentifère, dont le concassage est la première étape de séparation du minéral. Ces concasseurs sont à Taxco, au Mexique.

PROPRIÉTÉS

- Dureté : 2,5 - 3
- Poids spécifique : 10,5
- Couleur : blanc argenté
- Trace gris brillant
- Opaque
- Éclat métallique

GOBELET D'ARGENT
Ce gobelet-portrait en argent provient d'Amérique du Sud. L'argent est assez mou pour être martelé ou froissé. Il est plus facile de le plier que de le casser. Depuis des siècles, ces qualités ont fait de l'argent un métal recherché en joaillerie et en ornementation.

LE PLATINE

GRENAILLE DE PLATINE

La rareté et son utilisation (industrie, joaillerie) font la valeur du platine. Plus précieux que l'or, l'industrie l'emploie pour le raffinage des huiles et le contrôle des pollutions par les gaz d'échappement. Le platine se forme le plus souvent dans les dépôts de nickel et de cuivre associés aux roches magmatiques.

ÉNORME PÉPITE
Le platine, au poids spécifique élevé, n'est pas altéré par l'érosion. Il se concentre donc dans les graviers des rivières. On trouve parfois des pépites, comme celle-ci, mais la grenaille est plus courante.

PROPRIÉTÉS

- Dureté : 4 - 4,5
- Poids spécifique : 21,4
- Couleur : argenté à gris métallique
- Trace gris acier
- Opaque
- Éclat métallique

CUBIQUE

PIÈCES DE MONNAIE
Comme beaucoup de métaux précieux, le platine a servi à la fabrication de pièces de monnaie. Les Russes en ont frappé sous le règne de Nicolas Ier au XIXe siècle.

RÉDUCTION DE LA POLLUTION
Pour combattre la pollution automobile, on utilise des pots catalytiques qui contiennent d'infimes quantités de platine. Le minéral transforme les fumées nocives des moteurs en gaz moins dangereux.

LE GRAPHITE

Le diamant et le graphite sont deux états du carbone pur, aux propriétés très différentes. Le diamant est le minéral le plus dur ; le graphite, le plus tendre, peut être coupé au couteau et noircit le papier. Il sert ainsi à fabriquer des mines de crayon. La différence entre les deux minéraux réside dans leur structure interne.

GRAPHITE MASSIF
Souvent sous forme massive, il peut aussi former de fines couches à la surface d'autres minéraux. Il y a rarement formation de cristaux. Le graphite est un minéral natif qui se trouve dans les roches métamorphiques : ardoise, schiste et gisements houillers.

FISSION
Dans cette centrale nucléaire en construction, d'énormes barres de graphite font partie du cœur du réacteur. L'énergie est générée par la fission nucléaire – lorsque les atomes d'uranium du réacteur se divisent à grande vitesse et libèrent de l'énergie. Les barres de graphite contribuent au contrôle de la vitesse de la fission.

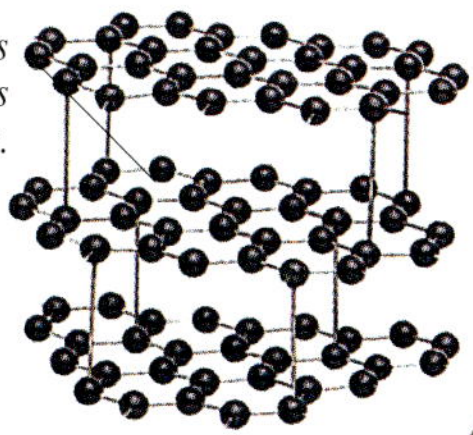

Combinaison des atomes de carbone en couches liées.

COUCHES D'ATOMES

Ce modèle de la structure du graphite montre les couches de carbone fortement liées entre elles, séparées par des couches faiblement liées, ce qui explique le faible indice de dureté du graphite.

CRAYON DE GRAPHITE

DIAMANTS

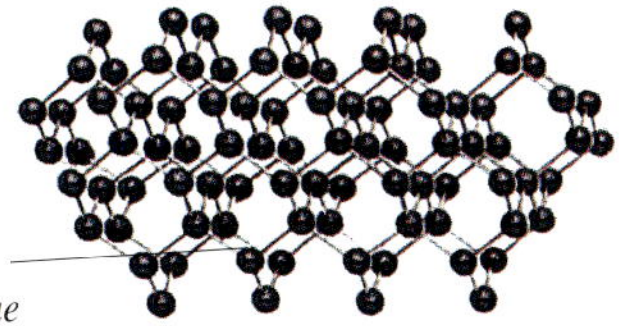

Modèle de structure du diamant montrant que chaque atome est lié aux quatre autres.

STRUCTURE DU DIAMANT

Comme le graphite, le diamant (pages 34 et 35) est constitué d'atomes de carbone. Les liaisons entre les atomes expliquent la dureté du diamant (10 sur l'échelle de Mohs). Chaque atome de carbone est lié à quatre autres pour lui donner sa structure rigide.

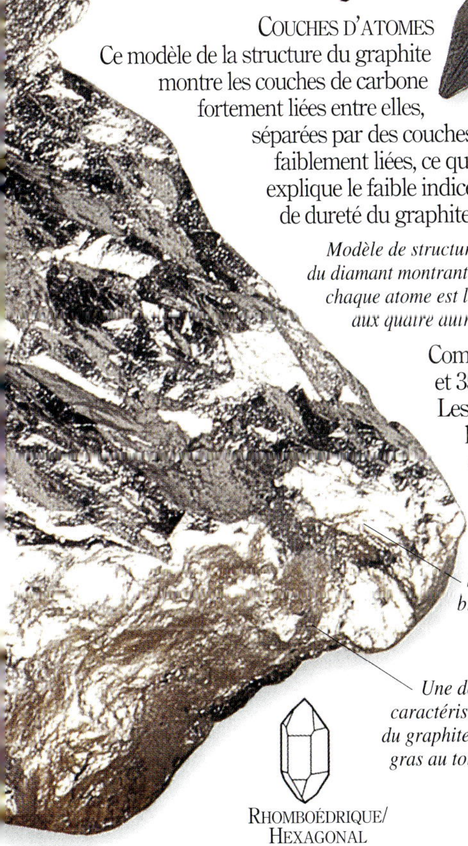

Surface brillante

Une des caractéristiques du graphite : il est gras au toucher.

RHOMBOÉDRIQUE/ HEXAGONAL

PROPRIÉTÉS DU GRAPHITE

- Dureté : 1 - 2
- Poids spécifique : 2,2
- Couleur : gris-noir
- Trace gris à noir
- Opaque
- Reflet humide, brillant

La galène

Depuis l'antiquité, la galène est un minéral de valeur, en tant que minerai de plomb et d'argent. Elle se solidifie dans les filons hydrothermaux des couches supérieures de la croûte terrestre, où des fissures rocheuses se remplissent de fluides chauds, riches en éléments minéraux.

Galène cubique

Faces de cristal brisées en "escaliers".

Cubique

Des cristaux cubiques

La galène développe généralement des cristaux cubiques qui forment souvent des macles. Les "escaliers" sont un autre de ses traits caractéristiques. Ce spécimen montre toutes ces particularités.

Éclat de galène

Couleur gris-argenté

La face brisée de cet échantillon de galène révèle deux traits caractéristiques de ce minéral : sa couleur gris sombre argenté et la structure cubique du cristal.

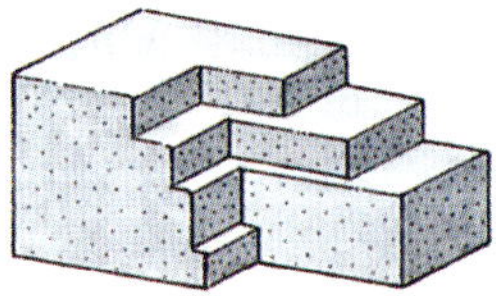

Bloc de clivage

Les cristaux de galène présentent un clivage en forme de cube ou de bloc le long de trois plans de faiblesse bien définis.

Masse de cristaux de galène maclés à l'éclat métallique brillant .

Plaque d'argent sculptée représentant une scène de chasse.

POSTE À GALÈNE

Dans les années 1920, certains postes de radio utilisaient des cristaux de galène. Ils captaient un signal quand l'opérateur appuyait un mince fil de cuivre sur un cristal de galène. Le nom donné à ce poste de TSF était "poste à galène".

MINERAI D'ARGENT

La galène est un minerai d'argent (à peu près 1 kg d'argent par tonne de galène). Depuis l'antiquité, on utilise l'argent dans la fabrication d'objets précieux. Cette plaque en argent date du XIIe siècle.

Plomb sur une fenêtre du XIXe siècle.

UN MÉTAL FLEXIBLE

Le plomb est un autre métal usuel que l'on extrait de la galène. Il fond et se plie facilement, idéal pour la fabrication des seaux et des tuyaux. Autrefois utilisé en plomberie, on s'en sert aujourd'hui pour les toitures et les fenêtres.

PROPRIETES

- Dureté : 2,5
- Poids spécifique : 7,58
- Couleur : gris argenté
- Trace gris sombre
- Opaque
- Éclat métallique

L'OR

Peu de minéraux ont l'importance et la valeur de l'or. Depuis l'Antiquité, l'or natif (non combiné) est utilisé comme valeur de référence. C'est un métal dense, de poids spécifique élevé, mais il est malléable et facile à travailler. Les joailliers le mélangent parfois à d'autres métaux, l'argent ou le cuivre, pour obtenir une plus grande dureté.

GRAINS D'OR

PÉPITE D'OR
Peu de gens auront la chance de trouver une pépite d'or étincelante comme celle de notre photo, extrêmement rare. Elles sont le plus souvent cristallines, arrondies par l'érosion.

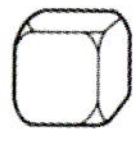

CUBIQUE

PROPRIÉTÉS

- Dureté : 2,5 - 3
- Poids spécifique : 19,3
- Couleur jaune brillant sur les surfaces fraîchement exposées
- Trace jaune doré
- Opaque
- Éclat métallique

LES CHERCHEURS D'OR
La fièvre de l'or a donné naissance à la Ruée vers l'Or aux États-Unis et en Australie au XIXe siècle. On voit ici des chercheurs d'or lavant les graviers d'une rivière pour trouver un peu de métal jaune.

LE TRAVAIL DE L'OR
Les Incas du Pérou travaillaient l'or avec une grande habileté. Cette scène montre des orfèvres travaillant avec un four et un moule.

ORFÈVRERIE
Cette broche anglaise du XIVe siècle est en or incrusté de pierres précieuses. L'or est idéal pour fabriquer des bijoux parce qu'il est tendre et facile à travailler. Le fait qu'il ne ternisse pas à l'air (il garde sa couleur et son éclat) ajoute à sa valeur.

Monstres enroulés ciselés dans l'or.

Cristaux aux bords arrondis.

ASSOCIÉ AVEC DU QUARTZ
L'or et le quartz se développent parfois ensemble dans des filons, après refroidissement des liquides. L'or peut former une sorte de croûte à la surface des cristaux de quartz. Plus fréquemment, on le trouve disséminé dans le quartz. Pour séparer les deux minéraux, on fait fondre le minerai après l'avoir broyé.

L'or forme une croûte sur le quartz.

Le soufre

Poudre de soufre

Le soufre natif est surprenant. Il est toxique et pourtant on l'utilise comme un médicament. Il est jaune vif mais brûle avec une flamme bleue. L'homme exploite à grande échelle ce minéral recherché. Il se forme autour des sources chaudes et des cratères volcaniques. Il arrive que des dépôts se forment près des diapirs sous la surface terrestre (voir p. 37).

Cristaux de soufre

On trouve souvent le soufre sous forme de cristaux tendres qui se coupent facilement au couteau. À l'état pur, les cristaux sont toujours jaunes mais des impuretés peuvent les colorer en brun ou en noir.

Croûte de cristaux de soufre sur une roche volcanique venant d'Indonésie.

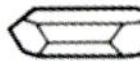

Orthorhombique

Extraction du soufre

On utilise de l'eau salée chauffée pour exploiter les couches de soufre autour des dômes salés. On injecte cette eau en profondeur dans le dépôt de soufre. Le minéral se dissout dans l'eau salée et remonte à la surface.

CHEMINÉES VOLCANIQUES
Le soufre cristallise autour des cheminées et des cratères volcaniques. Les cristaux qui naissent à l'entrée de ces orifices se forment par refroidissement à l'air froid des gaz chauds, riches en soufre.

Gaz riche en soufre

CRATÈRE VOLCANIQUE
Une nappe de soufre recouvre le cratère d'un volcan de Java. Dans le cratère, un volcanologue recueille des échantillons de gaz riche en soufre. Ces échantillons aident à comprendre la formation des roches volcaniques.

Cristaux à sommet aplati d'un jaune caractéristique.

Cet échantillon a été trouvé en Sicile, région très riche en soufre.

Poudre à canon

ÉTUI À POUDRE À CANON DU XVIIe SIÈCLE

POUDRE À CANON
Les Chinois inventèrent la poudre à canon à partir du soufre. Aujourd'hui, on l'utilise toujours dans la fabrication des explosifs, mais aussi pour vulcaniser le caoutchouc, afin de le rendre plus résistant et plus élastique.

PROPRIÉTÉS

- Dureté : 1,5 - 2,5
- Poids spécifique : 2 - 2,5
- Couleur : jaune, avec des impuretés donnant des couleurs diverses
- Trace blanche
- Transparent à translucide
- Reflet gras

L'OR DES FOUS

Il existe un groupe commun de minéraux appelé "l'or des fous", que l'on peut prendre pour de l'or, mais qui ont leur propre valeur et leur propre beauté. La pyrite, par exemple, remplace les os et les coquilles dans les fossiles, et la chalcopyrite est un minerai recherché.

Facette de cristal à cinq côtés.

CRISTAL DE PYRITE
Parmi les différentes formes de la pyrite, la forme cubique est courante. Ce spécimen de l'île d'Elbe (Italie), présente 12 facettes à cinq côtés. La forme du cristal dépend des conditions de cristalisation.

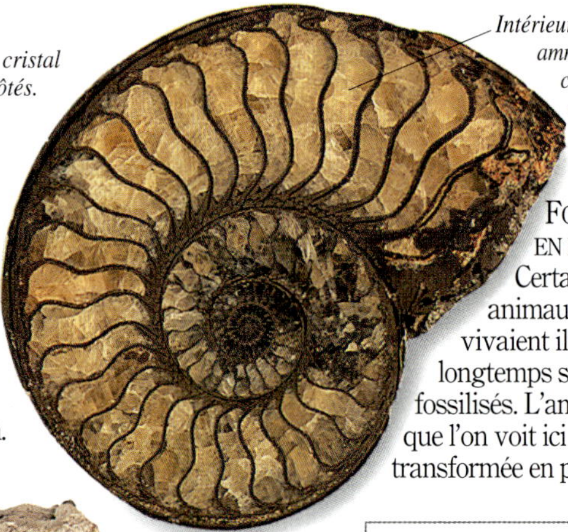

Intérieur d'une ammonite coupée en deux.

FOSSILE EN PYRITE
Certains animaux qui vivaient il y a longtemps se sont fossilisés. L'ammonite que l'on voit ici a été transformée en pyrite.

Cristaux en forme de lance dans la craie.

MARCASSITE
Constituée des mêmes éléments que la pyrite, la marcassite est pourtant moins stable et s'altère au contact de l'air. Les fossiles en marcassite tombent rapidement en poussière si on ne les protège pas.

PROPRIÉTÉS DE LA PYRITE

- Dureté : 6 - 6,5
- Poids spécifique : 5
- Couleur : cuivré à jaune pâle
- Trace noire
- Opaque
- Éclat métallique

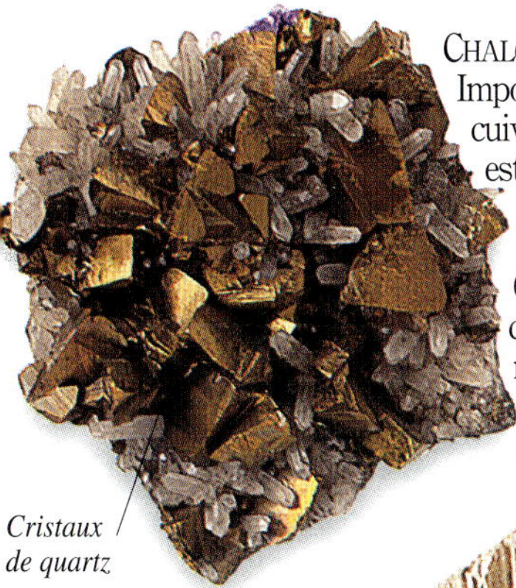

CHALCOPYRITE
Important minerai de cuivre, la chalcopyrite, est plus tendre que la pyrite et sa couleur est plus cuivrée. Cet échantillon est constitué de cristaux maclés, qui se sont développés avec du quartz blanc.

MINERAI DE CUIVRE
Ce casque de plongée du XIXe siècle est en cuivre, métal extrait de la chalcopyrite.

PYRITE CUBIQUE

CUBIQUE

MALACHITE ET AZURITE

L'air fait virer au vert les toitures de cuivre. Il se forme de la malachite, par altération du cuivre. Quand la malachite remplace le cuivre dans les minerais souterrains, ce minéral lui-même devient un minerai de cuivre. C'est ce qu'on appelle un minerai secondaire. L'azurite est un autre minerai secondaire du cuivre. Elle a une couleur bleu vif caractéristique.

MALACHITE POLIE

La malachite polie, avec ses bandes de couleur, est décorative et très populaire. On l'utilise dans la construction et l'ornementation. Elle a un magnifique poli mais ternit rapidement parce qu'elle est tendre.

Spécimen vert profond typique, au faciès botryoïdale (en forme de grappe de raisin).

MONOCLINIQUE

MINÉRAL ALTÉRÉ

Le minerai de cuivre s'altère quand il est exposé à l'eau et au froid, proche de la surface de la terre. C'est ainsi que se forme souvent la malachite. Sa structure est botryoïdale avec des cristaux minuscules, sa couleur est toujours verte, d'intensité variable.

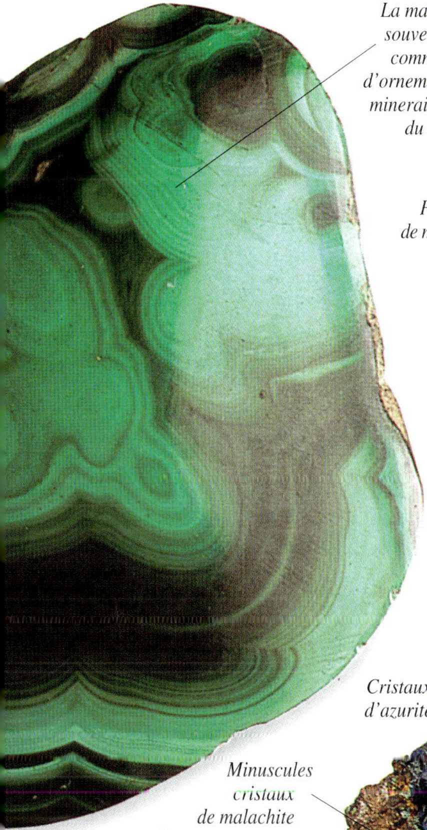

La malachite est souvent utilisée comme pierre d'ornement. C'est un minerai secondaire du cuivre.

PROPRIÉTÉS DE LA MALACHITE

- Dureté : 3,5 - 4
- Poids spécifique : 4
- Couleur : vert
- Trace vert pâle
- Translucide à opaque
- Éclat vitreux ou soyeux

Poudre de malachite

Poudre d'azurite

VERT ET BLEU

La malachite et l'azurite produisent des pigments naturels. Le pigment vert de la malachite était déjà connu dans l'Égypte ancienne. Réduite en poudre, l'azurite donne une couleur éclatante : le bleu d'azur.

Cristaux d'azurite

Minuscules cristaux de malachite formant une croûte.

Limonite

AZURITE

L'azurite a presque la même composition que la malachite, mais contient moins d'eau. Ces minéraux se développent souvent ensemble, comme sur ce spécimen.

L'OLIVINE

Elle fait partie d'un groupe de minéraux, les péridots, qui se trouvent dans les roches magmatiques. Ce sont les constituants principaux du manteau terrestre. La variété de péridots la plus connue est l'olivine, pierre précieuse vert-olive à l'éclat huileux. Les plus beaux spécimens de péridots viennent de Zebirget, dans la mer Rouge.

CRISTAUX DE PÉRIDOT

OLIVINE
Forme transparente de péridots. Dans l'Antiquité, les Grecs et les Romains utilisaient déjà l'olivine comme pierre précieuse.

Masse de cristaux de forstérite

FORSTÉRITE
L'olivine contient des quantités variables de fer et de magnésium. La forstérite est une variété de péridots qui ne contient que du magnésium. Ce minéral peut exister par lui-même, mais il peut également former une roche appelée dunite.

PROPRIÉTÉS

- Dureté : 6,5 - 7
- Poids spécifique : 3,27 - 4,32
- Couleur : vert ou brun
- Trace blanche
- Transparente ou translucide
- Éclat huileux ou vitreux

CHEVEUX DE PELÉE

ROCHE FIBREUSE
On appelle “Cheveux de Pelée” cette roche constituée de cristaux d’olivine enfermés dans un verre basaltique étiré en fibres. La roche se forme pendant les éruptions volcaniques.

BOMBES VOLCANIQUES
Ce volcan en éruption projette des bombes dans la nuit au-dessus des Nouvelles-Hébrides, dans l’océan Pacifique. Les fragments de lave projetés durcissent et forment des roches. Si on les casse, on trouve des grains verts d’olivine à l’intérieur.

Éclat huileux caractéristique

PÉRIDOT TRANSPARENT

Le péridot d’un vert sombre est le plus précieux.

ORTHORHOMBIQUE

LA TOURMALINE

La diversité de ses couleurs est unique et sa structure chimique complexe est responsable de cette variété. Ce minéral se trouve dans les roches magmatiques et métamorphiques, ou dans des filons minéraux. La tourmaline peut se former avec d'autres minéraux tels que le béryl, le quartz et le feldspath.

CRISTAL VERT
Le nom de la tourmaline varie en fonction de sa couleur. Cette variété verte, prise dans une masse de cristaux de feldspath, est connue sous le nom de dravite. La rubellite rose et l'elbaïte multicolore sont deux autres variétés importantes.

RHOMBOÉDRIQUE/ HEXAGONALE

UNE VÉRITABLE PASTÈQUE
Les couleurs de ce spécimen de tourmaline évoquent la pastèque. Ce sont des impuretés qui donnent ces couleurs au cristal.

TOURMALINE NOIRE

Le schorl est une variété noire de la tourmaline. On la trouve dans les pegmatites de granite. Elle se forme souvent avec du quartz, des feldspaths et des micas. Les cristaux de schorl, riches en fer, présentent souvent des sillons parallèles le long de leurs faces. Le spécimen ci-contre est constitué de schorl et de cristaux blancs de quartz.

JOHN RUSKIN

CHIMIE

Le philosophe anglais John Ruskin (1819-1900) décrivait la composition chimique de la tourmaline comme “… tenant plus d’une prescription médicale datant du Moyen Âge que de la formation d’un minéral respectable ! ”.

CARACTÉRISTIQUES

- Dureté : 7 - 7,5
- Poids spécifique : 3 - 3,2
- Couleur : vert et diversement coloré
- Trace blanche
- Transparente à translucide
- Éclat vitreux

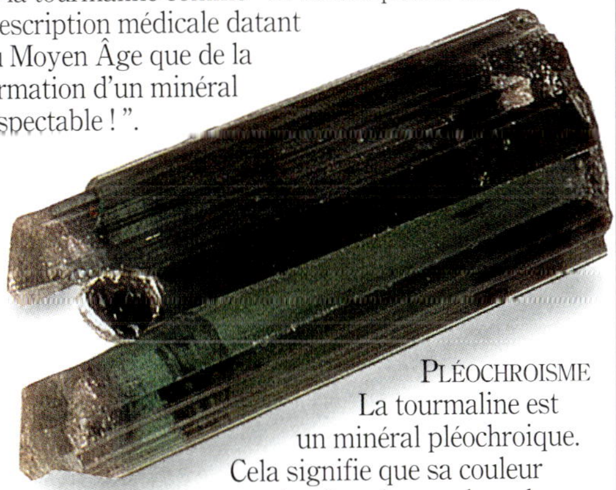

PLÉOCHROISME

La tourmaline est un minéral pléochroique. Cela signifie que sa couleur change selon l’angle sous lequel on le regarde. Ce cristal, par exemple, est vert sur une de ses faces. Mais si vous pouviez le regarder d’en haut il vous semblerait noir.

LE JADE

Plus résistant que l'acier, mais assez tendre pour être sculpté, le jade est rare et précieux. À l'origine, il servait à fabriquer des outils et des armes. Plus tard on l'utilisa pour les bijoux et les ornements. En 1863, le scientifique français Damour démontra que le mot désignait deux minéraux différents, la jadéite et la néphrite.

JADÉITE
La jadéite fait partie du groupe des pyroxènes ; elle caractérise les roches métamorphiques de haute pression et basse température.

La jadéite est facile à sculpter.

NÉPHRITE SCULPTÉE
Les deux variétés de jade sont des pierres idéales pour la sculpture. Matériaux résistants, ils se fendent et se brisent rarement parce qu'ils sont constitués de grains et de fibres minuscules. Ce "tiki" ou porte-bonheur maori, est en néphrite.

MONOCLINIQUE

COSTUME DE NÉPHRITE

Au IIe siècle av. J.-C., une princesse chinoise fut enterrée par sa famille dans ce vêtement composé de plaques de néphrite reliées avec de l'or. Jadis, les Chinois croyaient que le jade avait le pouvoir de préserver la vie.

NÉPHRITE

Plus commune que la jadéite, la néphrite est souvent vert épinard, parfois grise ou crème. Censée soigner les coliques néphrétiques, elle est une forme massive de trémolite ou d'actinolite, du groupe des amphiboles. En Nouvelle-Zélande, d'où vient ce spécimen, on exploite la néphrite.

Surface usée par l'érosion de l'eau.

On trouve rarement de grands cristaux de jadéite. Son faciès est massif.

Le fer donne à ce spécimen ses verts et ses bruns.

PROPRIÉTÉS

- Dureté : 6 - 7
- Poids spécifique : 3,24
- Couleur : généralement vert, ou diversement colorée
- Trace blanche
- Transparente à translucide
- Éclat vitreux à gras

LE CUIVRE

ORNEMENT DE CUIVRE

Le cuivre fut certainement le premier métal à être séparé de son minerai pour être utilisé. Les hommes en ont fait des armes et des outils pendant huit siècles. Utilisé seul ou en alliage, avec d'autres métaux comme le zinc et l'étain. Le cuivre se forme rarement à l'état natif, mais plutôt dans les dépôts de chalcopyrite.

CUIVRE NATIF
Les dendrites sont un facies caractéristique du cuivre natif. Au départ rose-rouge pâle, le cuivre ternit et devient brun au contact de l'air.

CARACTÉRISTIQUES

- Dureté : 2,5 - 3
- Poids spécifique : 8,9
- Couleur : rouge cuivré ou rose-rouge pâle
- Trace rouge cuivrée
- Opaque
- Éclat métallique

CUIVRE DE CHYPRE
L'île de Chypre, en Méditerranée, est le site de mines de cuivre parmi les plus anciennes.

Faisceau de fils de cuivre

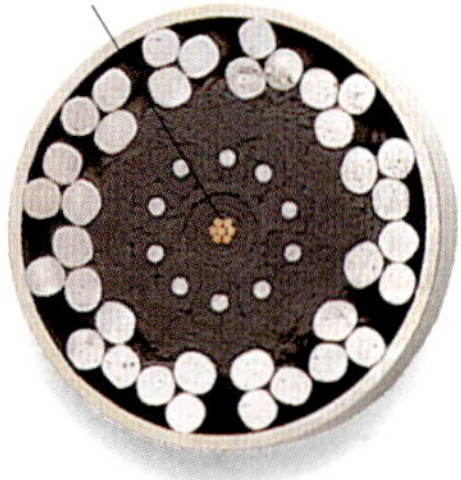

CÂBLES SOUS-MARINS
Très bon conducteur d'électricité le cuivre étiré e utilisé dans la fabrication de câbles sous-marin.

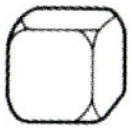

CUBIQUE

Alliages de cuivre

Les alliages de cuivre les plus connus sont le bronze et le laiton. Le bronze est un mélange de cuivre et d'étain. C'est un métal solide et résistant qui, une fois fondu, peut prendre des formes différentes. Le laiton est un alliage de cuivre et de zinc, le plus souvent de couleur jaunâtre.

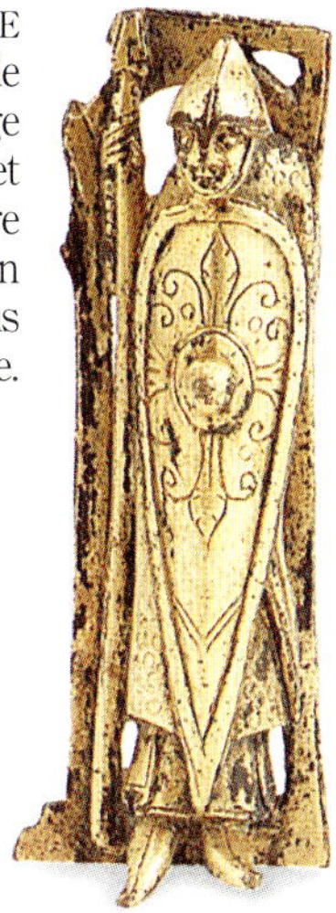

STATUE DE BRONZE DU XIIe SIÈCLE

Bon pour la santé

D'infimes quantités de cuivre sont contenues dans de nombreux aliments diététiques, comme ce blé complet.

CHALCOPYRITE

Minerai de cuivre

La chalcopyrite est le principal minerai de cuivre qui a de nombreux usages courants : fabrication de tuyaux pour l'eau ou de fils électriques.

TUYAU DE CUIVRE

L'HÉMATITE

L'hématite, en forme de rognon mamelonné, ou de cristaux noirs et brillants, est très prisée comme minerai de fer, ou comme pierre précieuse. Elle se forme dans de nombreuses roches, du granite au calcaire.

MASSES ARRONDIES
L'hématite se présente le plus souvent sous forme de masses arrondies qui ressemblent à des rognons. On parle d'aspect réniforme, du latin rein, et on l'appelle parfois "minerai-rein".

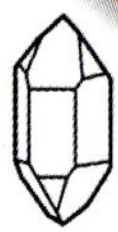

RHOMBOÉDRIQUE/ HEXAGONAL

PIGMENT ROUGE-BRUN
Réduite en poudre, l'hématite donne un pigment rouge-brun : l'ocre, l'un des plus anciens pigments naturels.

MÉDECINE CHINOISE
Certains médecins chinois traitent leurs patients avec de la poudre d'hématite mélangée à de l'argile rouge.

PROPRIÉTÉS
- Dureté : 5 - 6
- Poids spécifique : 5,26
- Couleur : rouge sombre ou noir brillant
- Trace rouge
- Opaque
- Éclat métallique à terreux

Hématite réniforme ou minerai-rein

Cristaux d'hématite iridescents

IRISATIONS
Ces cristaux d'hématite trouvée à l'île d'Elbe sont iridescents, phénomène dû à la fine pellicule chimique qui recouvre les cristaux et reflète la lumière.

Cristaux hexagonaux (à six faces)

SURFACE BRILLANTE
Ce spécimen semi-précieux montre une hématite spéculaire (aux cristaux à la surface brillante et réfléchissante).

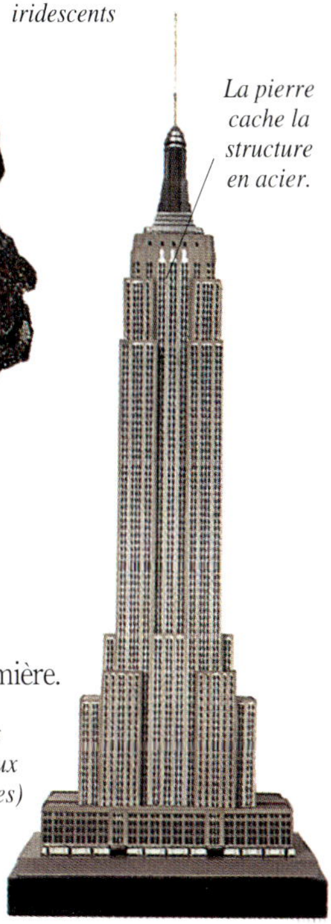

La pierre cache la structure en acier.

L'ACIER RÉSISTANT
L'hématite est un minerai de fer. On utilise ce métal résistant dans de nombreux domaines, on le transforme aussi en acier. Solide et néanmoins flexible, l'acier est utilisé dans la construction. L'Empire State Building en est un exemple.

LA CASSITÉRITE

Tout le monde connaît l'étain et son utilisation dans l'industrie ou dans la vie quotidienne. Le principal minerai d'étain est la cassitérite. Elle se forme dans des filons hydrothermaux à haute température et dans les roches métamorphiques.

CASSITÉRITE CRISTALLISÉE
Bien qu'étant un minerai, la cassitérite a un aspect surprenant : elle ne ressemble pas à du métal. Au lieu d'être ternes et opaques, les cristaux sont brillants et translucides.

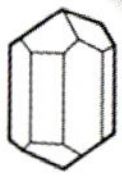

QUADRATIQUE

GEMMES
Les joailliers considèrent la cassitérite comme une pierre semi-précieuse pour ses qualités : sa dureté (entre 6 et 7 sur l'échelle de Mohs) et son poli durable. Pourtant, les plus belles cassitérites ont des défauts qui modifient leur couleur et, par conséquent, leur valeur.

RÉSERVES D'ÉTAIN
Ces bâtiments désaffectés sont tout ce qui reste des mines d'étain qui fonctionnaient depuis des siècles en Cornouailles, Angleterre. Jusqu'au XIXe siècle, ces régions furent les plus importantes pour l'exploitation de l'étain. Aujourd'hui, le Sud-Est asiatique et l'Afrique occidentale fournissent au reste du monde la majeure partie de l'étain.

CASQUE DE BRONZE
On obtient facilement des alliages entre l'étain et d'autres métaux. Cette réplique d'un casque romain est en bronze, alliage d'étain et de cuivre, métal solide et résistant à la rouille. L'étain ordinaire est en fait un alliage de plomb et d'étain.

CASQUE DE LÉGIONNAIRE (ENVIRON 50 AV. J.-C.)

PROPRIÉTÉS

- Dureté : 6 - 7
- Poids spécifique : 7
- Couleur : brun ou noir
- Trace blanche, grise ou brunâtre
- Transparente à presque opaque
- Éclat gras à brillant

FACIÈS
Les cristaux sont l'un des faciès de la cassitérite. On la trouve aussi en masses compactes et en aiguilles. Au Mexique, elle se présente parfois sous forme de nodules ressemblant à des framboises.

MINÉRAUX ASSOCIÉS DU MERCURE

Le mercure natif, très toxique, est liquide à température ambiante. Malgré ses propriétés étonnantes, il a de nombreuses utilisations commerciales. On trouve le mercure à l'état natif ou sous forme de minerai : le cinabre.

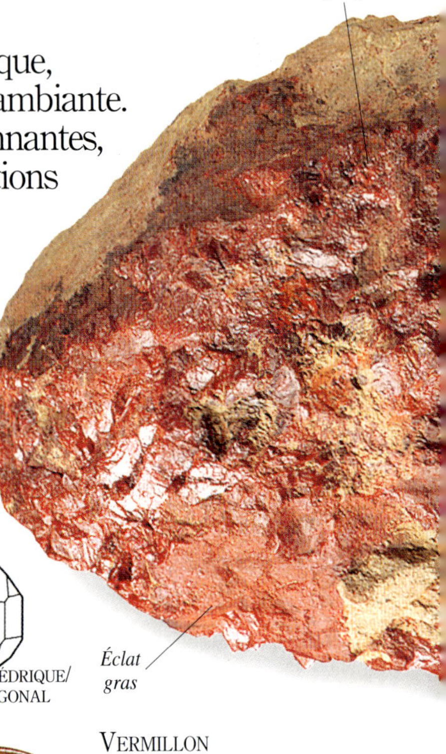

CINABRE

Principal minerai du mercure, il est très toxique et se forme autour des cheminées volcaniques et des sources chaudes. On en trouve également sous forme de filons. Les plus grands gisements sont en Espagne, en Italie et en Chine.

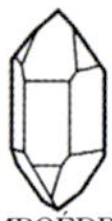

RHOMBOÉDRIQUE/ HEXAGONAL

PROPRIÉTÉS DU CINABRE

- Dureté : 2 - 2,5
- Poids spécifique : 8 - 8,2
- Couleur : rouge-brun
- Trace brun rouge à écarlate
- Transparent à opaque
- Éclat gras à terreux

VERMILLON

Le cinabre est le principal constituant du pigment que l'on appelle vermillon. D'abord utilisé pour la peinture dans la Chine ancienne, sa couleur éclatante fit fureur au Moyen Âge. On utilise aujourd'hui des substances moins toxiques dans les peintures.

LE THERMOMÈTRE
Voici l'utilisation la plus connue du mercure. Un tube de verre contient du mercure liquide et une échelle graduée : quand le thermomètre se réchauffe, le mercure se dilate et monte dans le tube. On peut alors effectuer une lecture de l'échelle graduée. Ce thermomètre date du XVIIIe siècle.

Ballon rempli de mercure

MERCURE NATIF
À température ambiante, le mercure forme des petites billes de liquide argenté. On le trouve rarement à l'état natif. Néanmoins, de petits dépôts se forment dans les cavités rocheuses autour des cheminées volcaniques. Le mercure natif est opaque et présente un éclat métallique brillant. Sa densité élevée est un signe distinctif supplémentaire.

GROS PLAN D'UN DÉPÔT DE MERCURE NATIF DANS UNE CAVITÉ ROCHEUSE

SPHALÉRITE GEMSTONE

LA SPHALÉRITE

Minerai de zinc le plus répandu, plus connu sous le nom de blende, ce minéral se forme, avec d'autres minerais tels que la galène, dans les filons hydrothermaux. Certaines sphalérites ont une qualité de gemme mais sont trop tendres pour être taillées durablement. Les plus belles ont une couleur brun-roux profond.

SPHALÉRITE NON TAILLÉE
On apprécie pour leurs belles couleurs des cristaux comme celui-ci. Taillés, ils s'usent rapidement et perdent leur éclat.

SPHALÉRITE MASSIVE

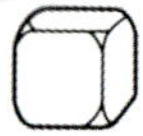

CUBIQUE

UN MINÉRAL SANS VALEUR ?
C'est ce que pensaient jadis les mineurs. Aujourd'hui, on connaît sa valeur et on rouvre les mines de zinc désaffectées pour exploiter les anciens déchets contenant la sphalérite.

On trouve du zinc dans les huîtres.

Les plus beaux cristaux peuvent imiter le diamant.

Surface rugueuse

OÙ TROUVER DU ZINC ?

Les minerais comme la sphalérite ne sont pas les seules sources de zinc. On en trouve aussi dans de nombreux aliments tels que les œufs, les céréales complètes, les noix, ou encore les fruits de mer.

Un clocher recouvert de zinc.

MATÉRIAU DE CONSTRUCTION

Le zinc est surtout utilisé dans la galvanisation. C'est un procédé qui consiste à recouvrir de zinc le fer et l'acier pour les protéger contre la rouille. Le zinc ne se corrode pas (ne se dégrade pas et ne rouille pas).

ALLIAGE

Le laiton (cuivre jaune) est un alliage de zinc et de cuivre. En raison de son poli agréable, le laiton sert souvent à la fabrication d'objets décoratifs. Le boîtier de cette montre est en laiton.

Le mécanisme est en acier, métal plus résistant que le laiton.

PROPRIÉTÉS DE LA SPHALÉRITE

- Dureté : 3,5 - 4
- Poids spécifique : 3,9 - 4,1
- Couleur : brun à rouge ; de nombreuses autres couleurs
- Trace blanche
- Transparente à opalescente
- Éclat gras

LE GRENAT

À base de silicates complexes, les grenats se retrouve partout dans le monde, surtout dans les roches métamorphiques. Ils sont de bons témoins des conditions de pression et de température qu'ont subies les roches. Premier utilisateur, la joaillerie : les variétés les plus appréciées sont le pyrope violacé et l'almandin rouge.

GRENAT GROSSULAIRE
Le plus souvent rose ou orange, c'est la variété de grenat la plus claire.

GRENADE ET PÉPINS

CUBIQUE

COULEUR SIMILAIRE
Les mots grenat et grenade viennent du latin granatum (fruit à grains). On voit très bien la similarité de couleurs entre la pierre brillante et la graine de la grenade.

LA BOURSE DE SUTTON HOO
Ce fermoir de bourse faisait partie des bijoux trouvés dans un bateau funéraire du VIIe siècle à Sutton Hoo, Suffolk (Angleterre).

PROPRIÉTÉS DU GRENAT

- Dureté : 6,5 - 7
- Poids spécifique : 3,4 - 3,6
- Couleur : rouge ou brun, ou diversement coloré
- Trace blanche
- Transparent à opaque
- Éclat terne à vitreux

Le pyrope revêt souvent l'aspect de grains arrondis.

PYROPE
Ces cailloux arrondis se forment dans des roches magmatiques contenant très peu de silice. Parmi les plus beaux pyropes, certains venaient de Tchécoslovaquie.

L'almandin se forme dans des roches métamorphiques riches en silice.

ALMANDIN

UNE PIERRE À LA MODE
Depuis la Rome antique, le grenat almandin est particulièrement apprécié des joailliers. Des cristaux rouge foncé comme celui-ci ont une très grande valeur.

La fluorite

La valeur commerciale de la fluorite vient de la facilité avec laquelle on peut la faire fondre. Son nom, qui vient du latin fluor (écoulement), évoque cette propriété. La fluorite est un minéral courant que l'on trouve dans les filons hydrothermaux et les calcaires.

Ses couleurs

On rencontre souvent les cubes violets typiques de la fluorite. Ce minéral existe aussi en vert, en rose et en bleu, sous forme cristalline ou granulaire.

Blue John

Ce minerai à structure lamellaire et cristalline, aussi appelé spath du Derbyshire présente des bandes dont les couleurs varient du bleu et violet au jaune.

Cette fluorite verte devient violette sous les rayons ultraviolets.

Fluorescence

Quand les rayons ultraviolets invisibles frappent la fluorite, les cristaux renvoient une lueur visible. C'est ce qu'on appelle la fuorescence. La couleur fluorescente de la fluorite est souvent différente de sa couleur à la lumière du jour.

Propriétés

- Dureté : 4
- Poids spécifique : 3, 18
- Couleur : violet et diversement coloré
- Trace blanche
- Transparente à translucide
- Éclat vitreux

LA FLUORITE DANS LA SIDÉRURGIE
La fluorite joue un rôle important dans la sidérurgie. On l'ajoute à l'acier fondu pour rendre ce dernier plus fluide. De plus, la fluorite enlève les impuretés comme le soufre et le phosphore. Ce sidérurgiste surveille cette opération dans une usine de Port Talbot, au sud du Pays de Galles.

FLUORITE VIOLETTE

CUBIQUE

ORNEMENT GRAVÉ DANS LA TURQUOISE

LA TURQUOISE

Peu de minéraux ont une renommée aussi ancienne que celle de la turquoise. D'abord exploitée il y a plus de 6000 ans dans le désert du Sinaï, au Moyen-Orient, c'est une des pierres précieuses les plus connues : le "bleu turquoise" est devenu synonyme de bleu-vert.

TURQUOISE NATIVE
Phosphate d'aluminium et de cuivre, ce minéral riche en eau ne se forme que dans les régions désertiques. La turquoise se développe en masses finement grenues, jamais en cristaux de grande taille. Les plus belles turquoises viennent des mines d'Iran, exploitées depuis 3000 ans.

GRAVURE
La plupart des gisements de turquoise sont situés au sud-ouest des États-Unis. Au cours des siècles, les habitants de la région ont acquis une solide réputation de graveurs de la pierre locale. Cet artisan indien du Nouveau-Mexique perpétue la tradition.

La turquoise forme une croûte sur cette roche.

INCRUSTATIONS DE TURQUOISE
Les peuples d'Amérique du Sud considéraient la turquoise comme une pierre précieuse. Ce manche de couteau rituel en or est incrusté de turquoise polie, et semble représenter un dieu. Il a été trouvé au Pérou et date vraisemblablement du XIIIe siècle.

LE BLEU TURQUOISE
Ces pierres polies montrent la couleur immédiatement reconnaissable de la turquoise, due au cuivre, constituant essentiel de la pierre, associé à une infime quantité de fer. Plus elle contient de fer, plus la turquoise est verte et moins elle a de valeur.

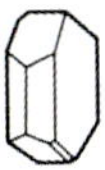

TRICLINIQUE

PROPRIÉTÉS
- Dureté : 5 - 6
- Poids spécifique : 2,6 - 2,8
- Couleur : bleu-vert
- Trace blanche à vert pâle
- Opaque
- Éclat terne à vitreux

LA LAZURITE

Constituant principal du pigment bleu azur et du lapis-lazuli, la lazurite est une roche prisée en sculpture et en bijouterie depuis des siècles. Souvent d'aspect massif, elle appartient au groupe des feldspathoïdes. C'est un minéral métamorphique assez rare qui ne se trouve que dans les marbres.

LAZURITE NATIVE
Sa couleur bleue brillante est due à des atomes de soufre, un de ses constituants essentiels. La lazurite, minéral à base de silice, se développe quand la chaleur transforme le calcaire en marbre.

Cristaux de calcite blancs

VASE EN LAPIS-LAZULI
Ce vase du XVIe siècle est en lapis-lazuli rehaussé d'or et de pierres précieuses. La dureté et la résistance du lapis-lazuli permettent d'obtenir un poli de qualité. Les premières sculptures en lapis remontent à plusieurs millénaires.

CUBIQUE

COLLIER DE LAPIS-LAZULI

Perles taillées

PROPRIÉTÉS

- Dureté : 5 -5,5
- Poids spécifique : 2,4 - 2,5
- Couleur : bleu
- Trace bleue
- Presque opaque
- Éclat terne à vitreux

Le soufre donne à la lazurite sa couleur.

Traces de lazurite

LAPIS-LAZULI NON TAILLÉ
Constitué de masses de lazurite mélangées à de la calcite et de la pyrite : plus la pierre contient de lazurite, plus elle a de valeur.

Peinture faite de pigment bleu azur.

BLEU AZUR
Les Perses furent les premiers à broyer le lapis-lazuli pour obtenir le pigment bleu azur.

Lapis-lazuli brut composé surtout de lazurite.

Traces de pyrite de couleur cuivrée

LA MAGNÉTITE

Dans la Chine ancienne, les premiers compas furent fabriqués à partir de la magnétite, un oxyde de fer au magnétisme naturel. En Grèce antique, on l'appelait l'aimant naturel. Aujourd'hui, la magnétite est un important minera de fer. On la trouve en faible quanti dans de nombreuses roches magmatiques, des météorites et dans certaines bombes volcaniques.

CRISTAL DE MAGNÉTITE
Huit faces triangulaires composent ce cristal de magnétite étincelant. Ce minéral existe aussi sous forme massive ou granulaire. Matière dure et lourde, la magnétite ne s'amalgame pas avec d'autres minéraux. Elle ne se clive pas facilement.

LE COMPAS MAGNÉTIQUE
Le magnétisme naturel est une des caractéristiques qui permet d'identifier la magnétite. Les substances magnétiques attirent les petits morceaux de fer et font dévier l'aiguille d'une boussole. Les marins utilisent le compas magnétique depuis le XIIe siècle.

PROPRIÉTÉS

- Dureté : 5,5 - 6,5
- Poids spécifique : 5,2
- Couleur : noir
- Trace noire
- Opaque
- Éclat métallique sur les faces fraîchement exposées.

IMPORTANT GISEMENT
La magnétite contient environ 70 % de fer, ce qui fait d'elle un minerai riche. L'un des plus grands gisements se trouve à Kiruna, en Suède. Ici, on voit le chantier d'exploitation à ciel ouvert recouvert de neige.

MÉTAL FORGÉ
Les Romains forgeaient le fer pour fabriquer des armes et des armures. Forger un métal consiste à le battre à chaud pour lui donner une forme.

ARMURE DE LA LÉGION ROMAINE

Plaques de fer maintenues entre elles par des lanières de cuir.

CUBIQUE

Des milliers de petits grains constituent ce spécimen de magnétite.

Éclat métallique terne

Les amphiboles

Ces minéraux essentiels constitutifs des roches sont des indices précieux pour les géologues qui enquêtent sur l'histoire de ces dernières : ils enregistrent, par leur nature, les conditions de température et de pression des profondeurs de la terre où elles se sont formées.

HORNBLENDE
Les amphiboles se forment dans des roches magmatiques et métamorphiques, lorsque l'eau est abondante. La hornblende, un des minéraux principaux de ce groupe, présente des cristaux longs et noirs avec des striations le long des faces.

MONOCLINIQUE

Cristaux d'amphibole à grands grains.

AMPHIBOLITE
La hornblende se trouve souvent dans une roche appelée amphibolite, presque entièrement constituée d'amphiboles. Elle se forme quand le métamorphisme transforme une roche magmatique comme la dolérite.

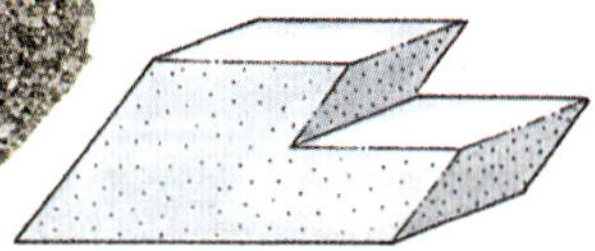

CLIVAGE RHOMBIQUE
Les amphiboles se clivent en blocs inclinés le long de plans de faiblesse. C'est ce qu'on appelle le clivage rhombique (en forme de losange).

AMPHIBOLE BLANCHE
La trémolite se forme dans le marbre et la serpentinite. On en exploite d'importants gisements pour un type d'amiante, appelé le cuir de montagne. Ce spécimen blanc présente un faciès plumeux : il ressemble à une plume.

Striations sur une face d'un cristal maclé de hornblende.

GLAUCOPHANE
Des masses granulaires et des faisceaux de fibres constituent le faciès courant de la glaucophane. Cette amphibole, souvent de couleur violette, ne se forme qu'à basses températures et sous des pressions élevées.

CRISTAUX IMBRIQUÉS
Un faciès courant de la riébeckite est une masse de longs cristaux imbriqués. Sa couleur varie du bleu foncé au noir. On trouve aussi la riébeckite en paquets de fibres (crocidolite), exploitée pour l'amiante.

PROPRIÉTÉ DE LA HORNBLENDE

- Dureté : 5 - 6
- Poids spécifique : 3,28 - 3,41
- Couleur : noir, parfois vert et brun verdâtre
- Trace blanche
- Translucide à opaque
- Éclat soyeux à vitreux

LES PYROXÈNES

Ces minéraux sont des constituants essentiels des roches de la terre. On les trouve dans les roches magmatiques, comme le basalte, et aussi dans les roches métamorphiques. Ils constituent, avec les péridots, la plus grande partie du manteau terrestre. En allant sur la Lune, vous trouveriez aussi des pyroxènes.

MONOCLINIQUE

AUGITE
Le pyroxène le plus répandu est l'augite, minéral variant du vert au noir, fréquent dans les basaltes et les gabbros. L'augite développe rarement de grands cristaux comme celui-ci, trouvé en Italie.

Cristal d'augite

Masse rocheuse constituée de petits cristaux

MINE DE PLATINE
Cette mine de platine sud-africaine est située sur le filon (veine de minerai de métal) le plus riche de notre planète. Le filon traverse de la pyroxénite, roche métamorphique entièrement constituée de pyroxènes.

PROPRIÉTÉS DE L'AUGITE

- Dureté : 5,5 - 6
- Poids spécifique : 3,23 - 3,52
- Couleur : noir ou différentes nuances de brun et de vert
- Trace vert grisâtre
- Transparente à translucide
- Éclat terne à vitreux

ENSTATITE
Les météorites et les roches situées dans le manteau terrestre sont riches en enstatite. Ce pyroxène a souvent l'aspect de fibres, mais ce spécimen a un faciès cristallin. Les cristaux translucides sont gris foncé.

DIOPSIDE
Des cristaux vert foncé à l'éclat vitreux ou nacré sont la forme courante de la diopside. Ce minéral est le pyroxène le plus commun, développé dans les roches métamorphiques, mais peut aussi exister dans des roches magmatiques telles que le basalte et le gabbro.

Cristaux verts bien formés.

Striations sur la face d'un cristal allongé.

AÉGIRINE
Cristaux et masses fibreuses sont les faciès les plus courants de l'aégirine, pyroxène assez rare qui se trouve dans les roches magmatiques et métamorphiques. Comme tous les autres pyroxènes, l'aégirine a deux plans de clivage qui se croisent à angle droit.

LES ROCHES

ROCHES MAGMATIQUES

Les magmas en fusion qui prennent naissance dans la croûte terrestre ou dans le manteau, se solidifient pour former deux type de roches magmatiques : les roches intrusives, cristallisant dans la croûte terrestre, et les roches effusives, se solidifiant à la surface de la Terre.

PLUTON

Le magma qui se refroidit en profondeur forme un massif solide : le pluton. La dimension d'un pluton peut être imposante, jusqu'à plusieurs centaines de kilomètres de large.

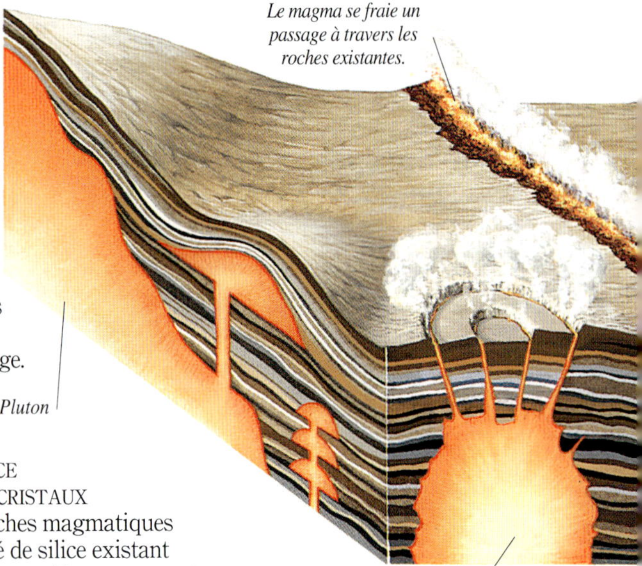

TENEUR EN SILICE ET TAILLE DES CRISTAUX

On classe les roches magmatiques selon la quantité de silice existant dans les minéraux qui les composent, et selon la taille de leurs cristaux.

	FORTE TENEUR EN SILICE	FAIBLE TENEUR EN SILICE
PETITS CRISTAUX	Obsidienne	Basalte
CRISTAUX MOYENS	Microgranite	Dolérite
GRANDS CRISTAUX	Granite	Gabbro

CHAMBRES MAGMATIQUES

Dans les profondeurs de la Terre, de vastes poches de magma approvisionnent les volcans en surface. Quand ces poches de magma refroidissent, elles se solidifient pour former des plutons

GRANITE ET OBSIDIENNE

Les magmas proviennent d'une fusion partielle de la croûte ou du manteau terrestre. Deux roches issues d'un même magma peuvent avoir un aspect très différent. Le magma émis à partir d'une poche profonde a refroidi à la surface lors d'une éruption volcanique en formant ce bloc d'obsidienne. Ce granite s'est développé au moment où la même poche s'est refroidie lentement en profondeur pour former un pluton.

Le granite est une roche magmatique intrusive à grands cristaux, formé au cours d'un refroidissement lent du magma.

L'obsidienne est une roche magmatique extrusive formée au cours d'un refroidissement très rapide du magma.

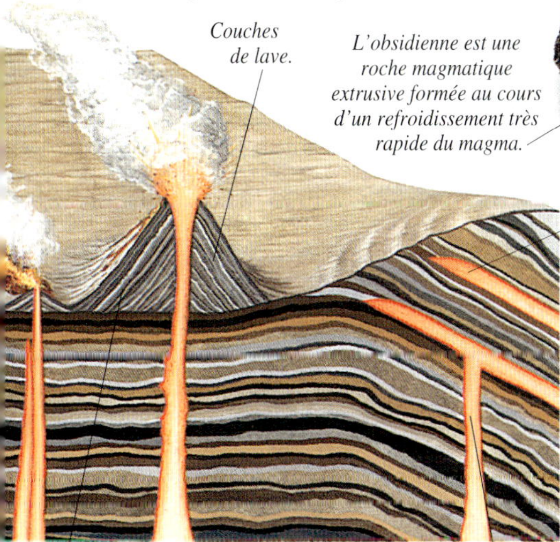

FILON

Il arrive que le magma pénètre entre les strates (couches) de roches sédimentaires. Quand ce magma se refroidit et durcit, il se forme ce qu'on appelle un filon. Après érosion, des filons apparaissent à la surface de la Terre.

VOLCAN

La lave est la partie du magma qui surgit à la surface terrestre au moment des éruptions volcaniques. La composition du magma conditionne le type d'éruption : plus le magma contient de silice, plus l'éruption est violente (volcanisme explosif).

DYKE

Quand le magma traverse des structures rocheuses, il arrive qu'il refroidisse et forme un dyke. Ce genre de filon peut se former à partir de la cheminée ou des fissures qui relient une poche de magma à un volcan.

Le granite

En creusant la croûte terrestre, sous les continents, on trouverait du granite, cette roche intrusive, formée par refroidissement lent du magma. En bordure des granites, il existe souvent des filons de minerais et les granites grossiers sont aussi une source importante de pierres précieuses.

GRANITE BLANC
Le granite développe de grands cristaux en refroidissant. Cette roche est habituellement constituée de trois minéraux riches en silice : le quartz, le feldspath et le mica. Deux sortes de feldspath : orthose et microcline, donnent à ce spécimen sa couleur claire. Les grains foncés sont de la biotite (mica noir).

CARACTÉRISTIQUES
- Origine : intrusive
- Gisement : plutonique
- Grains grossiers à très grossiers
- Couleur claire à moyenne
- Riche en silice

Cristaux foncés de tourmaline

GRANDS CRISTAUX
Les pegmatites, rares et développant de très grands cristaux, sont souvent accompagnées de pierres précieuses (ici de la tourmaline).

Grands cristaux formés au cours du refroidissement lent du magma.

PAYSAGES GRANITIQUES
Ces buttes rocheuses, caractéristiques des paysages granitiques, sont d'énormes blocs empilés les uns sur les autres, apparus après érosion. Ceux-ci sont situés dans le massif du Dartmoor, dans le Sud-Ouest de l'Angleterre.

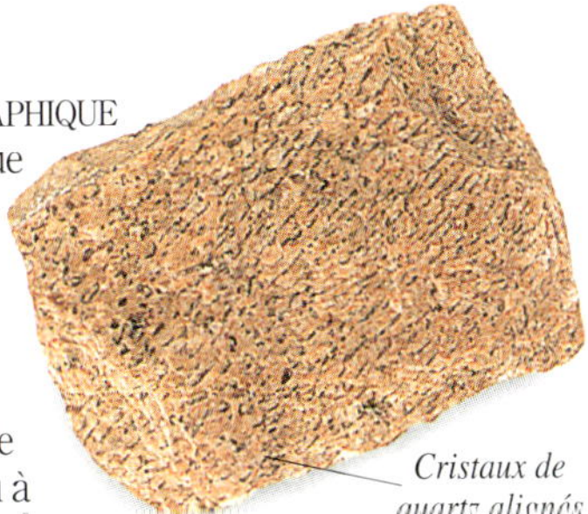

GRANITE OU PEGMATITE GRAPHIQUE
La pegmatite graphique contient de curieux cristaux de quartz gris qui font penser aux lettres d'un alphabet et forment une série de lignes. Cet aspect est dû à l'interpénétration de grands cristaux de quartz et de feldspaths.

Cristaux de quartz alignés

Orthose rose

GRANITE ROSE
L'orthose (feldspath potassique) domine dans le granite rose et lui donne sa couleur. On utilise ces très beaux granites taillés comme pierres de construction, ou polis, pour la décoration. Concassé, le granite donne des granulats et des matériaux pour la construction des routes.

PIERRE À SCULPTER
Le granite est résistant et se prête bien à la sculpture. Cette statue du pharaon égyptien Ramsès II a été sculptée dans des blocs de granite sombre.

OBSIDIENNE ET RHYOLITE

De violentes explosions précèdent la formation de l'obsidienne et de la rhyolite. Ces roches volcaniques se forment quand un magma de même composition que le granite atteint la surface terrestre. Riche en silice, il est visqueux et emprisonne les gaz qui s'accumulent jusqu'à provoquer parfois l'explosion du volcan.

OBSIDIENNE
Pour décrire l'obsidienne, on peut parler de "verre volcanique". L'obsidienne se forme quand la lave refroidit, si rapidement que les cristaux n'ont pas le temps de se développer.

"Flocons blancs" d'obsidienne

OBSIDIENNE FLOCONNEUSE
Des cristaux fibreux blancs, qui ressemblent à des flocons de neige, peuvent se développer dans l'obsidienne, spécialement si la roche entre en contact avec l'eau.

CARACTÉRISTIQUES

- Origine : effusive
- Gisement : volcanique
- Vitreuse
- Couleur noire
- Riche en silice

L'obsidienne est le plus souvent noire.

Surface lisse et vitreuse

Nuées ardentes

Les sources soufrées de Rotorua, en Nouvelle-Zélande, sont les vestiges d'une éruption volcanique. Un nuage de gaz s'est répandu, éparpillant des débris de lave (nuées ardentes). En se solidifiant, la lave donne naissance à de la rhyolite.

Les stries de la rhyolite sont souvent de plusieurs couleurs. Les cristaux qui constituent cette roche sont trop petits pour être visibles à l'œil nu.

Rhyolite zonée (ignimbrites)

La rhyolite est constituée de cristaux développés dans un matériau vitreux. Les cristaux finement grenus contiennent du quartz, du feldspath et du mica. Les stries que l'on voit sur ce spécimen se forment après l'éruption explosive, lorsque la lave s'écoule sur de courtes distances.

Une arme en obsidienne

L'obsidienne est dure et tranchante comme une lame de rasoir : les peuples primitifs en fabriquaient des armes comme cette pointe de lance. Elle vient des îles de l'Amirauté près de la Papouasie, Nouvelle-Guinée.

Lame en obsidienne

LE GABBRO

Une exploration en profondeur de la croûte terrestre révèlerait la présence, sous les basaltes du fond océanique, de couches de gabbro. Cette roche à grains grossiers se forme quand le magma issu de la fusion partielle du manteau refroidit, dans les chambres magmatiques des dorsales océaniques.

MINÉRAUX DU GABBRO
Roche intrusive pauvre en silice, généralement constituée de feldspath, d'olivine et de pyroxènes. Ce sont les pyroxènes qui donnent à ce spécimen sa couleur foncée. Les grains clairs sont du feldspath plagioclase. Au sein de la croûte terrestre, on trouve souvent des filons minéraux près du gabbro.

Les couches claires et foncées sont des minéraux différents.

GABBRO RUBANÉ
Certains gabbros se forment en couches de minéraux alternés. Ici, les couches sombres sont constituées de magnétite, les claires de feldspaths plagioclases.

CARACTÉRISTIQUES

- Origine : intrusive
- Gisement : plutonique
- Grains grossiers
- Couleur moyenne à foncée
- Pauvre en silice

Le gabbro forme les couches profondes de la croûte océanique.

Pyroxène à grains grossiers sombres.

Éclogite

Variété de gabbro, l'éclogite est constituée de pyroxène et de grenat, minéraux formés de grains moyens à grossiers. Elle présente souvent une structure zonée. La composition de l'éclogite ressemble à celle de roches du manteau terrestre dont elle proviendrait par transformation métamorphique.

Zonation dans l'éclogite

Serpentinite

Les gabbros et l'éclogite s'altèrent sous l'action de l'air et de l'eau. Les minéraux qui les constituent se transforment en une gamme d'argiles qui produit la serpentinite, roche variant du vert au rouge. Elle présente des grains fins, souvent traversés de veines. Les flocons verts de ce spécimen sont des cristaux de serpentine.

Paysage de gabbro

Les Black Cuillins de l'île de Skye, en Écosse, sont formées de gabbro. Ces montagnes aux crêtes irrégulières et aux pentes escarpées sont constituées de roches mises en place il y a environ 60 millions d'années, au moment de la formation de l'océan Atlantique.

BASALTE ET DOLÉRITE

Les éruptions volcaniques violentes sont rares. La plupart ne comporte pas d'explosion et la lave fluide forme du basalte et de la dolérite, constitués de petits cristaux et de verre, de même composition que le gabbro. Ils forment le fond des océans et sont les roches volcaniques terrestres les plus fréquentes.

BASALTE
Feldspath, pyroxène et olivine composent cette roche, lui donnant une couleur allant du gris au noir. Le basalte présente des petits cristaux dans une pâte vitreuse.

BASALTE PORPHYRIQUE
De grands cristaux peuvent se former dans le basalte dans la lave en éruption, avant qu'elle n'atteigne la surface terrestre. Quand la lave se refroidit, une masse de petits cristaux piège les grands et forment le basalte porphyrique.

CARACTÉRISTIQUES
- Origine : effusive
- Gisement : volcanique
- Grains fins + verre
- Couleur foncée
- Pauvre en silice

On peut distinguer les cristaux de la dolérite à l'œil nu.

DOLÉRITE
Une couche de dolérite se trouve sous le basalte, au fond des océans. Elle se forme généralement dans la croûte terrestre. Ses cristaux sont plus gros que ceux du basalte.

Le basalte est la roche effusive la plus commune.

VOLCAN HAWAÏEN
Le Kilauea, à Hawaï (États-Unis), est un volcan basaltique. Il est pratiquement constamment en éruption, mais sans explosion.

LA CHAUSSÉE DES GÉANTS
Les coulées basaltiques peuvent former des colonnes prismatiques, comme ici en Irlande du Nord.

TROUS LAISSÉS PAR DES BULLES DE GAZ
Quand la lave durcit pour devenir du basalte, des bulles de gaz peuvent laisser des trous, vacuoles, ronds à la surface de la roche.

Vacuoles arrondies dans un bloc de basalte.

DES ROCHES VENUES DE L'ESPACE

La Lune, les planètes, les météorites et les comètes sont constituées de roches et de minéraux. Les roches venues de l'espace sont très difficiles à trouver, et chacune est précieuse car elle donne d'importants renseignements sur la manière dont la Terre s'est formée il y a 4,6 milliards d'années.

PIERRE ET MÉTAL
Les météorites sont les fragments de corps plus grands désagrégés dans l'atmosphère. Le spécimen ci-contre est un lithosidérite constitué de minéraux silicatés, comme l'olivine, et d'un alliage de nickel et de fer.

PIERRES LUNAIRES
Les astronautes ont rapporté sur la Terre de nombreux spécimens de pierres lunaires que les géologues ont étudiés soigneusement. La roche la plus répandue sur la Lune est une variété de basalte que l'on trouve aussi sur Terre. Cet astronaute échantillonne des roches et des fragments de sol sur la Lune.

MÉTÉORITES COMMUNS
Les chondrites, météorites les plus répandus et les plus vieux, ont été formés presque en même temps que la Terre. Leurs constituants sont des minéraux tels l'olivine et le pyroxène.

Trous provoqués par la chaleur pendant la chute du météorite.

Masse de petits grains arrondis.

LES COMÈTES
Certains météorites peuvent provenir de comètes, énormes "boules de neige" constituées de glace, de fragments de roches et de gaz qui évoluent autour du Soleil. Leur queue peut être longue de millions de kilomètres. Cette photo montre la comète Kohoutek.

TECTITES
Lorsqu'un météorite percute la Terre, la chaleur intense fait fondre des fragments de la croûte. Des morceaux de roches fondues en forme de gouttes sont projetées dans l'atmosphère et durcissent pour former des roches : les tectites.

Surface lisse et brillante

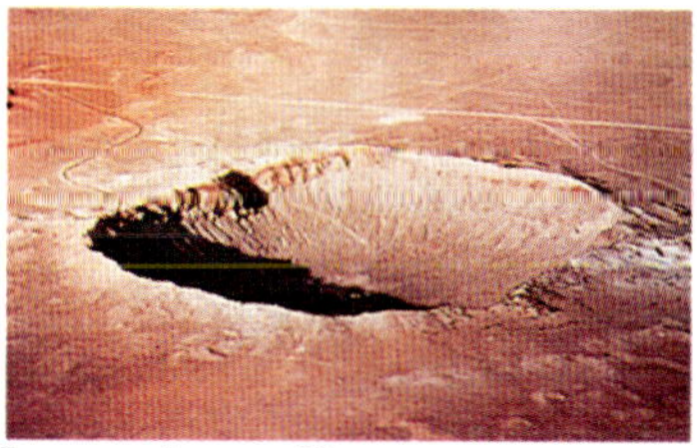

LE CRATÈRE DU BARRINGER
C'est un météorite de fer d'environ 200 mètres de large qui est à l'origine du cratère de Barringer (1,3 km de diamètre) en Arizona (États-Unis).

ROCHES MÉTAMORPHIQUES

Elles naissent de la transformation lente des roches préexistantes par la chaleur et/ou la pression. Pendant ces processus, de nouveaux minéraux se forment à partir des substances chimiques présentes et cristallisent pour former de nouvelles roches.

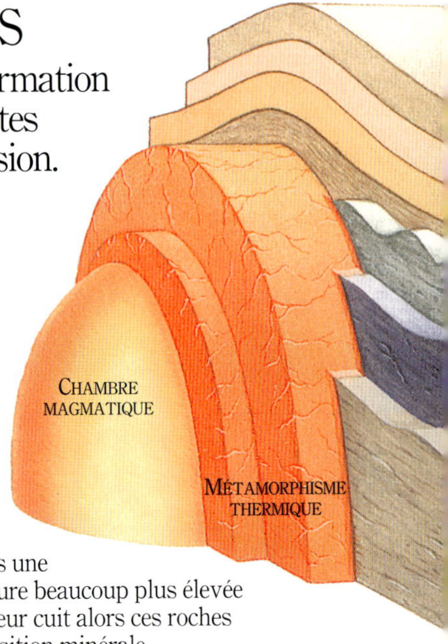

CHAMBRES MAGMATIQUES
Le métamorphisme se produit dans des environnements variés. Par exemple, le magma en fusion dans une chambre magmatique a une température beaucoup plus élevée que les roches environnantes. La chaleur cuit alors ces roches en modifiant leur forme et leur composition minérale.

MARBRE

MÉTAMORPHISME THERMIQUE
Si les roches ne sont transformées que par la chaleur, on parle de métamorphisme de contact. Cela se produit si le magma reste suffisamment longtemps dans des structures préexistantes. C'est le cas des plutons, des dykes et des filons. Le marbre peut naître d'un tel processus.

DANS LES GRANDES PROFONDEURS
Plus une roche est enfouie, plus la chaleur et la pression agissant sur elle sont fortes. La chaleur vient des réactions thermonucléaires qui se produisent dans la croûte et le manteau. La pression est due au poids des roches situées au-dessus.

www.ggl.ulaval.ca/personnel/bourque/s2/r.metam.html
• Les roches métamorphiques : formation et explication

La mylonite se forme au voisinage des grandes cassures de l'écorce.

MÉTAMORPHISME DYNAMIQUE

Les mouvements de la croûte terrestre peuvent exercer d'énormes pressions, mais peu de chaleur, sur les roches environnantes. On parle alors de dynamométamorphisme. La mylonite en est un exemple.

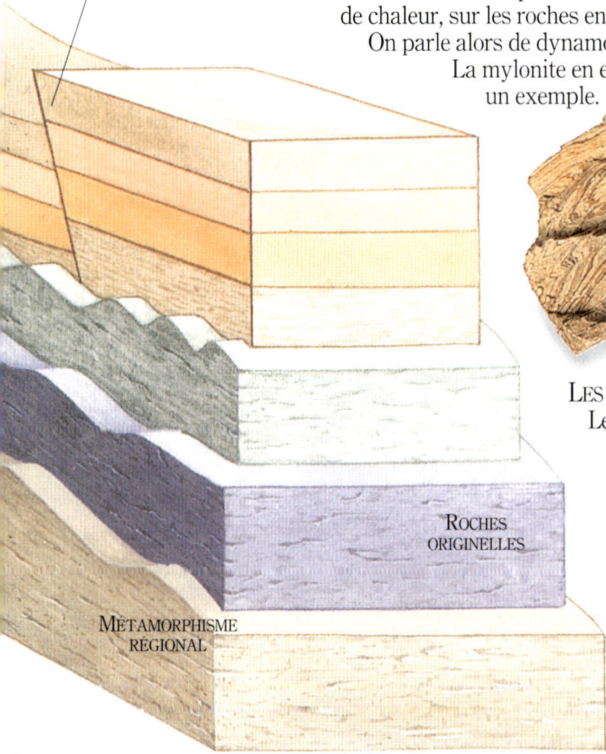

MYLONITE

LES ROCHES ORIGINELLES

Les différents types de métamorphisme agissent sur des roches préexistantes appelées roches originelles. Il peut s'agir de roches magmatiques, sédimentaires ou métamorphiques au départ.

GNEISS

LE MÉTAMORPHISME RÉGIONAL

Il est la forme la plus courante de métamorphisme se produisant lorsque chaleur et pression agissent ensemble. Il touche les roches profondément enfouies et celles qui se trouvent dans les zones de montagnes en formation. Le gneiss est une roche du métamorphisme régional.

Gneiss et schiste

Les métallurgistes fabriquent des objets en chauffant et en martelant le métal. Ainsi, sous les plus hautes montagnes, température et pression transforment les roches anciennes en roches nouvelles, comme le gneiss et le micaschiste. Le gneiss naît à des températures et des pressions plus fortes que le schiste, mais tous deux ont une structure en plans parallèles appelée foliation.

Gneiss rubanné
Les gneiss se forment à des températures et des pressions élevées. Ce sont des roches à grains grossiers dont les minéraux sont répartis en plans parallèles. Les plans de couleur claire de ce gneiss rubané sont constitués de quartz et de feldspath, les plans sombres, de hornblende et de biotite.

Caractéristiques du gneiss

- Origine : chaînes montagneuses
- Grains moyens à grossiers
- Pression : élevée
- Chaleur : élevée
- Métamorphisme régional

Migmatite
À forte température et pression élevée, les roches fondent. La migmatite est une roche à grains grossiers qui a fondu partiellement, créant ainsi des veines ondulées. Quand la fusion est complète, la migmatite devient un granite dit granite d'onatexie.

MICASCHISTE À GRENATS
Des minéraux à structure dure et compacte se développent dans les gneiss et les micaschistes. Ce groupe d'almandins (grenats rouges), par exemple, s'est formé dans un micaschiste de couleur claire.

Cristaux d'almandin

MICASCHISTE ONDULÉ
Les cristaux de taille moyenne en couches parallèles formant les schistes naissent à températures et à pressions modérées. Ici, les foliations sont dûes à des pressions agissant sur la roche avec une intensité variable suivant les directions. Le mica donne les reflets brillants à la surface de la pierre.

Des veines ondulées se sont développées alors que la roche fondait à des températures et des pressions très élevées.

Les bandes sinueuses de mica reflètent la lumière.

GRAND LAC DE L'OURS
Le gneiss, la plus vieille pierre connue de l'homme, forme des paysages sans reliefs parsemés de lacs. La région située autour du grand lac de l'Ours, au Canada, en est un bon exemple.

L'ARDOISE

Un bloc d'ardoise peut se débiter en fines lamelles. Cette propriété en fait un matériau parfait pour les toitures. L'ardoise se forme quand les minéraux constituant des roches finement grenues, comme l'argile et le schiste argileux, se transforment en mica, aux abords des régions de montagnes en formation, là où la pression et la température sont relativement faibles.

ARDOISE VERTE
Des cristaux microscopiques de mica donnent à l'ardoise son apparence brillante et humide. La chlorite, la colore en vert. Les taches sombres sont des grains de carbone et de pyrite.

POUR LES TOITURES
Dans l'ardoise, les cristaux de mica sont disposés en couches. La roche se clive en lamelles le long de ces couches. Les plaques d'ardoise servent de matériau pour les toits, comme pour cette maison américaine.

Ardoise noire

Le carbone et la pyrite colorent cette ardoise en sombre. Les grands cristaux de pyrite forment des lignes parallèles qui évoquent une page d'écriture. On voit bien ici les couches, séparées par les plans de clivage.

La lamelle finit là où l'arête remonte légèrement. Il y a un plan de clivage entre chaque lamelle.

Une carrière d'ardoise

Les rebuts d'une carrière d'ardoise désaffectée, au nord du Pays de Galles, recouvrent la colline au-dessus du tunnel du chemin de fer. On exploite l'ardoise depuis des siècles

Ardoise tachetée

Se développant principalement dans les régions de montagnes en formation, l'ardoise peut toutefois subir un métamorphisme de contact donnant naissance à de nouveaux minéraux comme la cordiérite et l'andalousite qui forment des taches dans la roche.

Taches de cordiérite dispersées au hasard.

Des fossiles dans l'ardoise

L'ardoise se forme sous des pressions et des températures si basses qu'il arrive que des fossiles y soient conservés depuis le dépôt de la roche. Ce fossile du Devon, en Angleterre, est connu sous le nom de "papillon de Delabole".

Caractéristiques

- Origine : chaînes montagneuses
- Grain fin
- Pression : basse
- Chaleur : basse
- Métamorphisme régional

LE MARBRE

Les Grecs et les Romains connaissaient la valeur du marbre et ont utilisé ce matériau parfait pour élever des statues et décorer des palais. Il naît de la transformation du calcaire par la chaleur et la pression. C'est une roche que l'on trouve dans les régions montagneuses du monde entier.

COLONNE DE MARBRE

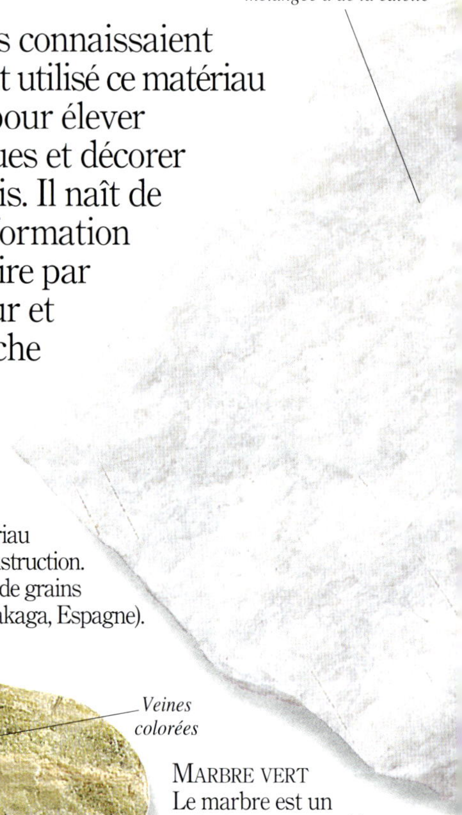

MARBRE BLANC
Le marbre pur est blanc. C'est le matériau le plus prisé pour la sculpture et la construction. Ce morceau de marbre brut, constitué de grains grossiers, vient de Mijas (région de Makaga, Espagne).

MARBRE VERT
Le marbre est un calcaire métamorphisé. Les impuretés contenues dans le calcaire colorent le marbre en rouge, rose ou vert. Le marbre peut avoir une ou plusieurs couleurs, parcouru de motifs ou de veines colorées.

Masse de cristaux imbriqués, c'est une roche tendre parce qu'elle contient beaucoup de calcite.

Les grains grossiers donnent l'apparence du sucre.

MARBRE À OLIVINE

Une variété de minéraux siliceux se forme dans le marbre si le calcaire chauffé contient du silex. Le spécimen ci-dessus est riche en olivine, minéral habituellement plus répandu dans les roches magmatiques. On voit nettement les grains brun-verdâtre de l'olivine.

Arcades décoratives en marbre

UNE TOUR DE MARBRE

Le Campanile et la Tour penchée de Pise, en Italie, sont décorés d'arcades et de colonnes en marbre. Les marbres d'Italie sont parmi les plus beaux du monde.

CARACTÉRISTIQUES

- Origine : là où pressions et températures agissent sur le calcaire
- Grains de grandeur variable
- Pression : variable
- Chaleur : variable
- Métamorphisme thermique et régional

ROCHES SÉDIMENTAIRES

Fragments de roches désagrégées, coquillages et évaporites (minéraux déposés après évaporation) composent les roches sédimentaires, formées à la surface de la Terre, depuis les hautes montagnes et les déserts, jusque sous les océans. Les géologues s'intéressent beaucoup aux roches sédimentaires car elles apportent de précieux renseignements sur l'histoire de notre planète.

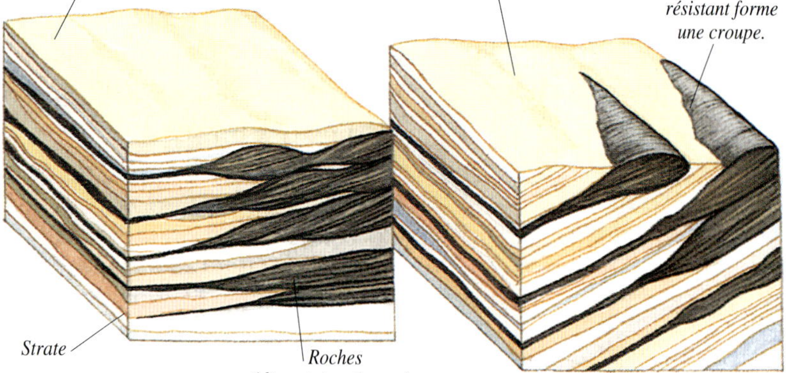

COUCHES DE SÉDIMENTS

De nombreuses roches sédimentaires sont constituées de fragments d'autres roches que le vent, l'eau ou la glace déposent en couches appelées strates. De nouvelles couches compriment les couches précédentes. Finalement, des minéraux contenus dans l'eau interstitielle précipitent et cimentent les fragments pour former des roches.

ROCHES ÉRODÉES

Avec le temps, les roches enfouies remontent à la surface car les roches au-dessus d'elles sont érodées. Les fragments de roches érodées permettent souvent la formation de nouvelles roches à un autre endroit. Certaines, comme le grès, sont plus résistantes à l'érosion et forment des reliefs.

Roches détritiques

Groupe commun de roches sédimentaires, elles se forment à partir des débris de roches préexistantes désagrégées, lorsque l'érosion attaque des régions montagneuses. Les rivières, le vent ou la glace transportent les fragments érodés vers des plaines basses ou vers la mer. Ces fragments se déposent et finissent par former de nouvelles roches.

Roches organiques

Les roches formées par des débris d'arbres et de plantes sont appelées roches sédimentaires organiques. Le charbon en est un bon exemple, résultat de la transformation chimique de forêts anciennes.

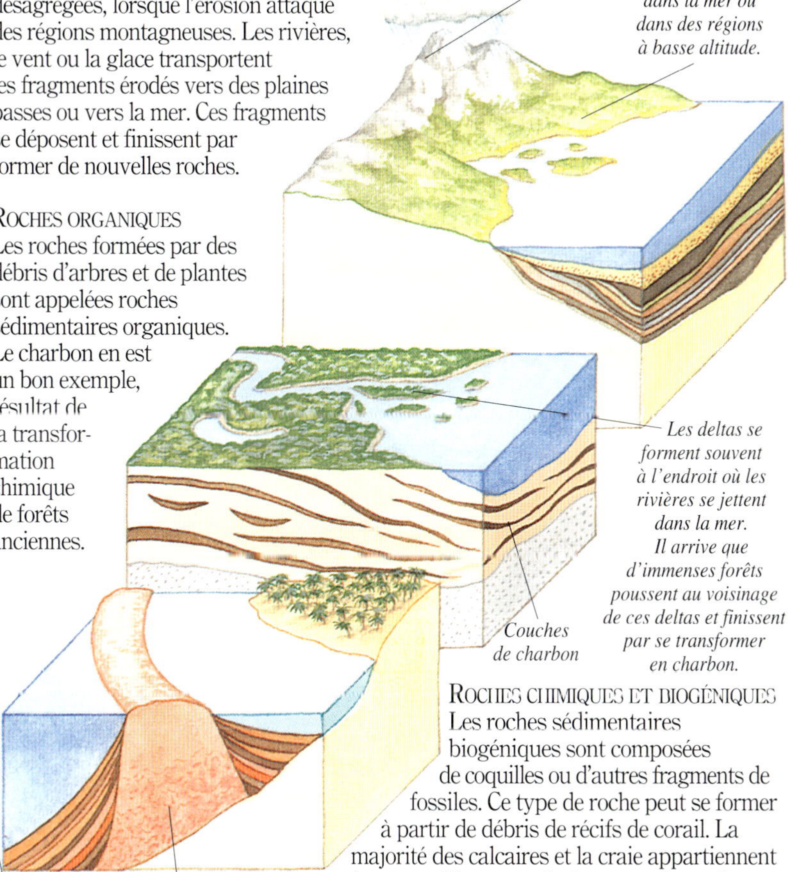

Roches chimiques et biogéniques

Les roches sédimentaires biogéniques sont composées de coquilles ou d'autres fragments de fossiles. Ce type de roche peut se former à partir de débris de récifs de corail. La majorité des calcaires et la craie appartiennent à ce type. D'autres calcaires sont des roches sédimentaires chimiques développées par précipitation de calcite à partir de l'eau.

Poudingues et brèches

Les poudingues et les brèches (conglomérats) sont constitués de galets et de fragments de roches de grande taille, soudés les uns aux autres. La différence entre les deux réside dans la forme des fragments : arrondis dans le poudingue, anguleux dans la brèche.

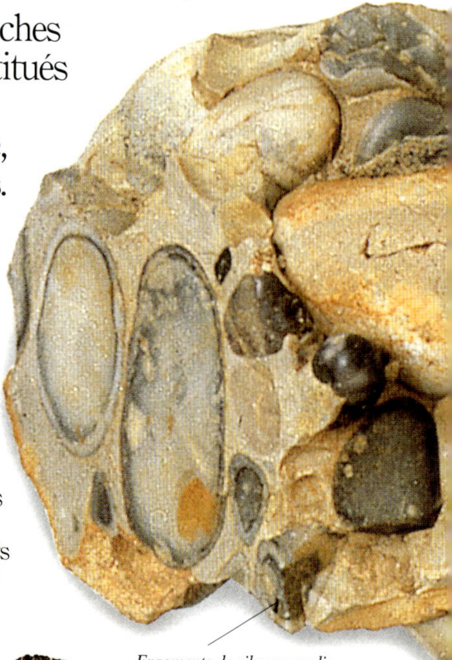

Poudingue à silex

Les poudingues peuvent être constitués de fragments d'une ou de plusieurs variétés. Celui-ci est formé de fragments de silex, très résistant, souvent présent dans les roches sédimentaires.

Une pierre dure

Les conglomérats peuvent être résistants. Leur dureté fut utile aux hommes, comme le prouve cette meule à grains romaine, composée de deux blocs de roches et d'un manche. On écrasait le grain entre les deux pierres.

Caractéristiques des conglomérats

- Origine : marine, eau douce, continentale
- Grains très grossiers
- Forme des grains : arrondis
- Fossiles très rares
- Roche détritique

BRÈCHES
La plupart des brèches se forment dans les régions montagneuses où l'action du soleil et de la glace désagrège les roches en fragments anguleux. Cette brèche contient des fragments de différentes tailles, cimentés par des sédiments à grains fins.

Fragments sombres de calcaire

BRÈCHE DE CALCAIRE
Une brèche peut se composer de fragments de roches magmatiques, métamorphiques ou sédimentaires. Dans ce spécimen, il s'agit de fragments de calcaire, liés les uns aux autres par un "ciment" de couleur claire riche en calcite.

LA FONTE DES GLACIERS
L'usure des montagnes par les glaciers, agents d'érosion les plus puissants en région montagneuse, produit d'énormes quantités de sédiments. Les débris accumulés au pied de ce glacier d'Alaska formeront peut-être des brèches.

Le grès

Prononcez le mot sable et tout le monde pense au désert ou à la plage. Il faut aussi penser au grès, constitué de grains de sable cimentés. Roche sédimentaire formée dans des environnements divers, on l'utilise comme matériau de construction.

Des grains fins

Les géologues définissent le grès comme une roche constituée de grains cimentés (le plus souvent de quartz) mesurant entre 0,02 et 2 mm de diamètre.

Couches de grains moyens

Le sable du désert peut un jour former des grès.

Le désert du Sahara

Le grès se forme souvent dans des environnements arides, comme le désert du Sahara, en Afrique du Nord. Le grès peut aussi provenir du durcissement de particules déposées par les rivières et la mer.

CARCASSONNE
Le grès est un excellent matériau de construction, facile à tailler et qui résiste aux intempéries. La ville fortifiée de Carcassonne a été construite en grande partie avec cette pierre.

CARACTÉRISTIQUES
- Origine : marine, eau douce, continentale
- Grains moyens
- Forme des grains : anguleux, arrondis
- Fossiles : communs
- Roche détritique

GRÈS DÉSERTIQUE
Sous l'action du vent les grains de sable des régions désertiques s'usent les uns contre les autres et s'arondissent. Parfois, ces grains se cimentent et forment le grès désertique. Dans ce spécimen, le minéral dominant est le quartz, mais d'autres minéraux et fragments de roches peuvent être présents.

Grains arrondis caractéristiques du grès désertique.

Le quartzite à grains anguleux se forme sur la terre ou dans l'eau.

QUARTZITE
Les grains du quartzite sont plus anguleux que ceux du grès désertique. Le quartz représente 75 % de la composition de cette roche qui se forme sur terre ou dans l'eau. Le quartzite contient parfois des fossiles, surtout quand la roche est constituée de particules déposées dans la mer.

Le calcaire

Certaines variétés de calcaire sont constituées de vestiges d'organismes, d'autres se forment à partir des minéraux qui précipitent lors de l'évaporation de l'eau. Cependant, tous les calcaires se forment en présence d'eau et sont principalement constitués de calcite.

Minuscule oolithes arrondis

Calcaire oolithique

Formé dans l'eau de mer, comme la plupart des calcaires, de minuscules corps sphériques appelés oolithes lui donnent son nom. Les oolithes naissent dans l'eau de mer peu profonde et chaude, lorsque la calcite se dépose sur de petits fragments de coquilles roulées par les vagues.

Calcaire formé par une colonie corallienne.

Caractéristiques

- Origine : marine, eau douce
- Grains grossiers à fins
- Forme des grains : anguleux, arrondis
- Fossiles : communs
- Roche sédimentaire chimique, biogénique

Calcaire corallien

Des vestiges fossilisés de corail constituent cette variété de calcaire. Dans des millions d'années, des coraux vivant aujourd'hui, comme la Grande Barrière de corail australienne, seront peut-être transformés en roches.

CALCAIRE D'EAU DOUCE À GASTÉROPODES
Les calcaires sont souvent riches en fossiles qui donnent aux géologues des renseignements précis sur la formation des roches. Ce spécimen contient des fossiles de mollusques gastéropodes d'eau douce qui vivaient au fond d'un lac.

UNE FORÊT PÉTRIFIÉE
Le calcaire, dissout dans l'eau de pluie, peut créer des paysages spectaculaires. La forêt pétrifiée de Kunming, en Chine, en est un excellent exemple.

CRAIE
Le squelette de millions de minuscules végétaux marins composent la craie, variété pure de calcaire tendre marin. Les grains qui constituent la craie sont le plus souvent trop petits pour être visibles sans une loupe.

BLOCS DE CONSTRUCTION
Le calcaire est souvent utilisé pour faire du ciment. Cette maison yéménite, cependant, est faite de blocs de calcaire sans aucun joint les liant entre eux.

LE CHARBON ET LE PÉTROLE

Les roches sont à l'origine d'une grande partie de l'énergie mondiale. Le charbon est une roche sédimentair formée des plantes qui couvraient la Terre il y a des millions d'années. Le pétrole est le résultat d'une lente dégradation de plantes et d'animaux marins microscopiques. On le trouve à grande profondeur sous terre, dans des roches sédimentaires poreuses.

VAPEUR FONCTIONNANT AU CHARBON

Le carbone donne au charbon sa couleur noire bien connue.

SCHISTE BITUMEUX

Roche composée d'argile enfouie et compactée, le schiste bitumeux contient souvent du kérogène, substance faite en grande partie de carbone. Quand on chauffe le kérogène, il libère une vapeur qui refroidie devient le pétrole.

Une roche sédimentaire à grains fins, le schiste bitumeux.

Le kérogène s'accumule dans le schiste bitumeux.

LES PUITS DE PÉTROLE

La plus grande partie du pétrole se trouve à l'état liquide dans des roches poreuses appelées roches-réservoirs. Le pétrole est maintenu sous pression. Lorsqu'une plate-forme pétrolière, comme celle-ci en mer du Nord, effectue un forage, le pétrole remonte à la surface.

Le charbon se casse facilement en couches ou en blocs.

Houille

L'eau a conservé les plantes et les arbres des anciennes forêts marécageuses qui se sont graduellement transformés en houille ou charbon domestique. Cette roche dure et friable contient environ 60% de carbone. Lorsqu'il brûle, les autres substances constituant le charbon se transforment en cendre.

Étapes de la formation du charbon

Plantes et arbres constituent les matériaux bruts du charbon. Les couches de végétaux morts légèrement compactées forment la tourbe. Plus compactée, la tourbe devient du lignite, charbon de mauvaise qualité. Plus de pression transforme le lignite en houille, qui raffinée de nouveau par la chaleur et la pression donne l'anthracite, la meilleure qualité de charbon.

Couches de plantes ligneuses

Couche de tourbe compacte

Lignite (30 % de carbone)

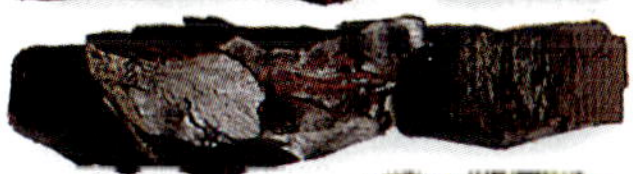

Houille (60 % de carbone)

Anthracite (plus de 90 % de carbone)

Caractéristiques du charbon

- Origine : continentale ou lagunaire
- Grains moyens à fins
- Grains sans forme
- Fossiles : communs
- Roche sédimentaire chimique, organique

EN SAVOIR PLUS

IDENTIFICATION DES MINÉRAUX

Voici le classement alphabétique des minéraux étudiés dan ce livre. La première colonne indique leur dureté sur l'échel de Mohs. La deuxième donne leur poids spécifique. La dernière colonne souligne des caractéristiques ou des propriétés essentielles à l'identification de chaque minéral.

MINÉRAL	DURETÉ	POIDS SPÉCIFIQUE	PROPRIÉTÉS
Aégirine	6	3,55-3,6	Pyroxène ; relativement rare dans la famille.
Aigue-marine	7-8	2,6-2,9	Pierre précieuse ; variété de béryl gris-bleu.
Albite	6-6,5	2,6-2,63	Feldspath ; constituant commun des roches.
Almandin	7-7,5	4,1-4,3	Pierre précieuse ; variété de grenat rouge.
Améthyste	7	2,65	Pierre précieuse ; variété de quartz violet.
Argent	2,5-3	10,5	Elément métallique précieux.
Augite	5,5-6	3,23-3,52	Pyroxène ; constituant commun des roches.
Azurite	3,5-4	3,77-3,78	Produit un pigment : le bleu azur.
Barytine	3-3,5	4,5	Cristaux exceptionnellement lourds.
Béryl	7-8	2,6-2,9	Pierre précieuse ; variétés de plusieurs couleurs.
Biotite	2,5-3	2,7-3,4	Mica ; habituellement de couleur sombre.
Calcédoine	7	2,5	Les variétés comprennent l'agate et le jaspe.
Calcite	3	2,71	Constituant des calcaires et des marbres.
Cassitérite	6,7-7	7	Minerai d'étain ; apparence cristalline.
Chalcopyrite	3,5-4	4,3-4,4	Or des fous ; minerai de cuivre.
Chromdravite	7-7,5	3-3,2	Pierre précieuse ; variété verte de tourmaline.
Cinabre	2-2,5	8-8,2	Principal minerai de mercure.
Citrine	7	2,65	Pierre précieuse ; variété jaune de quartz.
Corindon	9	4-4,1	Pierre précieuse ; minéral extrêmement dur.
Cuivre	2,5-3	8,9	Elément métallique ; conducteur d'électricité.
Diamant	10	3,52	Minéral le plus dur à l'état naturel.
Diopside	5,5-6,5	3,22-3,28	Pyroxène ; constituant commun des roches.
Émeraude	7-8	2,6-2,9	Pierre précieuse ; variété verte de béryl.
Enstatite	5-6	3,2-3,4	Pyroxène ; constituant commun des roches.
Fluorite	4	3,18	Existe en différentes couleurs ; fond facilement.
Forstérite	6,5-7	3,27-4,32	Variété d'olivine.
Galène	2,5	7,58	Minerai de plomb et d'argent.

webmineral.brgm.fr:8003/mineraux/Main.html

• Atlas minéralogique réalisé par le BRGM

MINÉRAL	DURETÉ	POIDS SPÉCIFIQUE	PROPRIÉTÉS
Glaucophane	6	3,08-3,15	Amphibole ; souvent de couleur violette.
Graphite	1-2	2,2	Minéral tendre composé de carbone pur.
Grossulaire	6,5-7	3,4-3,6	Pierre précieuse ; la plus claire variété de grenat.
Gypse	2	2,32	Utilisé dans le plâtre de Paris et l'albâtre.
Halite	2	2,1-2,2	Communément appelée sel de table.
Héliodor	7-8	2,6-2,9	Pierre précieuse ; variété jaune de béryl.
Hématite	5-6	5,26	Minerai de fer ; produit le pigment ocre.
Hornblende	5-6	3,28-3,41	Amphibole ; minéral commun des roches.
Jadéite	6-7	3,24	Pyroxène ; plus connu sous le nom de jade.
Labradorite	6-6,5	2,69-2,72	Feldspath ; présente souvent des irisations.
Lazurite	5-5,5	2,4-2,5	Principal minéral composant le lapis-lazuli.
Magnétite	5,5-6,5	5,2	Minerai de fer ; possède un magnétisme naturel.
Malachite	3,5-4	4	Produit un pigment vert vif.
Marcassite	6-6,5	4,92	Or des fous ; s'altère un contact de l'air.
Mercure	liquide	13,6-14,4	Élément métallique ; parfois à l'état liquide.
Morganite	7-8	2,6-2,9	Pierre précieuse ; variété rose de béryl.
Muscovite	2,5-4	2,77-2,88	Mica ; constituant commun des roches.
Néphrite	6,5	2,9-3,1	Amphibole ; plus connue sous le nom de jade.
Olivine	6,5-7	3,27-4,32	Minéral commun de la famille des péridots.
Opale	5,5-6,5	1,9-2,3	Pierre précieuse aux riches couleurs.
Or	2,5-3	19,3	Élément métallique précieux.
Platine	4-4,5	21,4	Élément métallique précieux.
Pyrite	6-6,5	5	Or des fous.
Pyrope	7-7,5	3,5-3,8	Pierre précieuse ; variété de grenat rouge-violet.
Quartz	7	2,65	Minéral le plus commun dans la croûte terrestre.
Riébéckite	5	3,32-3,38	Amphibole ; minéral commun.
Rubis	9	4-4,41	Pierre précieuse ; variété rouge de corindon.
Saphir	9	4-4,41	Pierre précieuse ; variété bleue de corindon.
Schorl	7-7,5	3-3,2	Variété noire de tourmaline.
Soufre	1,5-2,5	2-2,5	Brûle avec une flamme bleue.
Sphalérite	3,5-4	3,9-4,1	Principal minerai de zinc.
Sylvite	2	1,99	Evaporite au goût amer.
Tourmaline	7-7,5	3-3,2	Pierre précieuse aux nombreuses couleurs.
Trémolite	5-6	2,9-3,2	Amphibole ; peut être exploité pour l'amiante.
Turquoise	5-6	2,6-2,8	Pierre précieuse ; excellent matériau à sculpter.

Composition des minéraux

La composition d'un minéral détermine ses propriétés, par exemple sa couleur et sa dureté. Certains minéraux sont constitués d'un seul élément : le diamant contient uniquement du carbone. La plupart des minéraux sont cependant composés de mélanges d'éléments : le quartz est composé de silicium et d'oxygène.

Tableau des éléments chimiques

La colonne de gauche donne les symboles chimiques dans l'ordre alphabétique. La colonne de droite indique les noms des éléments. Certains de ces éléments se retrouvent dans la liste des formules chimiques des minéraux, pages 140-141.

Symbole	Nom
Ac	Actinium
Ag	Argent
Al	Aluminium
Am	Americium
Ar	Argon
As	Arsenic
At	Astate
Au	Or
B	Bore
Ba	Baryum
Be	Béryllium

Symbole	Nom
Bi	Bismuth
Bk	Berkélium
Br	Brome
C	Carbone
Ca	Calcium
Ce	Cérium
Cf	Californium
Cl	Chlore
Cm	Curium
Co	Cobalt
Cr	Chrome

Symbole	Nom
Cs	Cesium
Cu	Cuivre
Dy	Dysprosium
Er	Erbium
Es	Einsteinium
Eu	Europium
F	Fluor
Fe	Fer
Fm	Fermium
Fr	Francium
Ga	Gallium

SYMBOLE	NOM
Gd	Gadolinium
Ge	Germanium
H	Hydrogène
He	Hélium
Hf	Hafnium
Hg	Mercure
Ho	Holmium
I	Iode
In	Indium
Ir	Iridium
K	Potassium
Kr	Krypton
La	Lanthane
Li	Lithium
Lr	Lawrencium
Lu	Lutécium
Md	Mendélévium
Mg	Magnésium
Mn	Manganèse
Mo	Molybdène
N	Azote
Na	Sodium
Nb	Niobium
Nd	Néodyme
Ne	Néon
Ni	Nickel

SYMBOLE	NOM
No	Nobélium
Np	Neptunium
O	Oxygène
Os	Osmium
P	Phosphore
Pa	Protactinium
Pb	Plomb
Pd	Palladium
Pm	Prométhéum
Po	Polonium
Pr	Praséodyme
Pt	Platine
Pu	Plutonium
Ra	Radium
Rb	Rubidium
Re	Rhénium
Rh	Rhodium
Rn	Radon
Ru	Ruthénium
S	Soufre
Sb	Antimoine
Sc	Scandium
Se	Sélénium
Si	Silicium
Sm	Samarium
Sn	Étain

SYMBOLE	NOM
Sr	Strontium
Ta	Tantale
Tb	Terbium
Tc	Technétium
Te	Tellure
Th	Thorium
Ti	Titane
Tl	Thallium
Tm	Thulium
U	Uranium
Une	Unnilennium
Unh	Unnilhexium
Uno	Unniloctium
Unp	Unnilpentium
Unq	Unnilquadium
Uns	Unnilseptium
V	Vanadium
W	Tungstène
Xe	Xénon
Y	Yttrium
Yb	Ytterbium
Zn	Zinc
Zr	Zirconium

Formule chimique des minéraux

La composition des minéraux est représentée par leur formule chimique. Celle-ci détermine la manière dont les différents atomes sont structurés pour constituer un minéral. Par exemple, la halite (NaCl), est constituée d'atomes de sodium (Na) et de chlore (Cl).

Note : les chiffres en indice ($_x$) dans les formules chimiques indiquent combien d'atomes d'un élément se combinent à ceux d'un autre élément. Par exemple, deux atomes d'oxygène (O_2) se combinent à un atome de silicium (Si) dans le quartz (SiO_2).

Minéral	Formule chimique
Aégirine	$NaFeSi_2O_6$
Aigue-marine	$Be_3Al_2Si_6O_{18}$
Albite	$NaAlSi_3O_8$
Almandin	$Fe_3Al_2(SiO_4)_3$
Améthyste	SiO_2
Argent	Ag
Augite	$CaNa(Mg,Fe,Al)(Al,Si)_2O_6$
Azurite	$Cu_3(CO_3)_2(OH)_2$
Barityne	$BaSO_4$
Béryl	$Be_3Al_2Si_6O_{18}$
Biotite	$K(Mg,Fe)_3(Al,Fe)Si_3O_{10}(OH,F)_2$
Calcédoine	SiO_2
Calcite	$CaCO_3$
Cassitérite	SnO_2
Chalcopyrite	$CuFeS_2$
Chromdravite	$Na(Mg,Fe,Al,Mn,Li)_3Al_6(BO_3)_3(Si_6O_{18})(OH,F)_4$
Cinabre	HgS
Corindon	Al_2O_3
Cuivre	Cu
Diamant	C
Diopside	$CaMgSi_2O_6$
Emeraude	$Be_3Al_2Si_6O_{18}$
Enstatite	$MgSiO_3$
Fluorite	CaF_2
Forstérite	Mg_2SiO_4
Galène	PbS

MINÉRAL	FORMULE CHIMIQUE
Glaucophane	$Na_2(Mg,Fe)_3A_{12}Si_8O_{22}(OH)_2$
Graphite	C
Grossulaire	$Ca_3Al_2(SiO_4)_3$
Gypse	$CaSO_4 2H_2O$
Halite	$NaCl$
Héliodore	$Be_3Al_2Si_6O_{18}$
Hématite	Fe_2O_3
Hornblende	$NaCa_2(Mg,Fe,Al)_5(Si,Al)_8O_{22}(OH)_2$
Jadéite	$NaAlSi_2O_6$
Labradorite	$(Na,Ca)Al_{1-2}Si_{3-2}O_8$
Lazurite	$(Na,Ca)_8(Al,Si)_{12}O_{24}(S,SO)_4$
Magnétite	Fe_3O_4
Malachite	$Cu_2CO_3(OH)_2$
Marcassite	FeS_2
Mercure	Hg
Morganite	$Be_3Al_2Si_6O_{18}$
Muscovite	$KAl_3Si_3O_{10}(OH)_2$
Néphrite	$Ca_2(Mg,Fe)_5Si_8O_{22}(OH)_2$
Olivine	$(Mg,Fe)_2SiO_4$
Opale	SiO_2nH_2O
Or	Au
Platine	Pt
Pyrite	FeS_2
Pyrope	$Mg_3Al_2(SiO_4)_3$
Quartz	SiO_2
Riébéckite	$Na_2Fe_3Fe_2Si_8O_{22}(OH)_2$
Rubis	Al_2O_3
Saphir	Al_2O_3
Schorl	$Na(Mg,Fe,Al,Mn,Li)_3Al_6(BO_3)_3 (Si_6O_{18})(OH,F)_4$
Soufre	S
Sphalérite	ZnS
Sylvine	KCl
Tourmaline	$Na(Mg,Fe,Al,Mn,Li)_3Al_6(BO_3)_3 (Si_6O_{18})(OH,F)_4$
Trémolite	$Ca_2Mg_5Si_8O_{22}(OH)_2$
Turquoise	$CuAl_6(PO_4)_4(OH)_84H_2O$

DURETÉ DES MINÉRAUX

On teste la dureté d'un minéral en tentant de le rayer. En 1812, l'autrichien Friedrich Mohs (1773-1839) établit une échelle, toujours utilisée, de dureté des minéraux, du talc (dureté 1) au diamant (dureté 10). Chaque minéral mentionné sur cette échelle ne peut rayer que les minéraux qui le précèdent.

FRIEDRICH MOHS

1 TALC 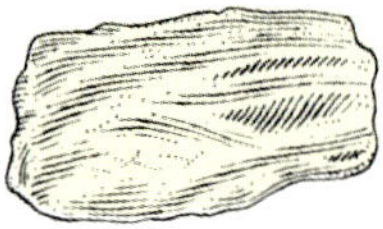	DURETÉ C'est l'un des minéraux les plus tendres. On l'utilise comme principal composant de la "poudre de talc".	TEST Les minéraux de dureté 1 sont gras au toucher et peuvent être rayés par l'ongle.
2 GYPSE 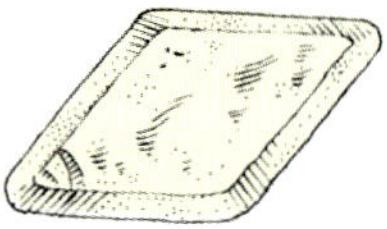	DURETÉ Il se forme par évaporation de l'eau de mer à la surface de la Terre. Les minéraux de ce type sont tendres.	TEST Les ongles contiennent une protéine qui permet de rayer les minéraux de dureté 2.
3 CALCITE 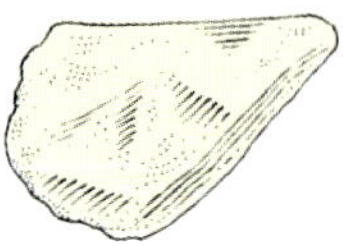	DURETÉ Le calcaire et la plupart des coquillages contiennent de la calcite, utilisée par les animaux pour constituer leur coquille.	TEST Une pièce de monnaie en cuivre raye les minéraux de dureté 3. La pièce doit être en vrai cuivre.
4 FLUORITE 	DURETÉ La fluorite est un minéral décoratif. Elle est assez tendre pour être sculptée et assez dure pour avoir un beau poli.	TEST Les minéraux de dureté 4 sont faciles à rayer avec du verre à vitre, formé de grains de quartz fondus.

5 Apatite

Dureté
Les os humains et animaux contiennent une variété d'apatite. C'est un matériau dur qui plie plus qu'il ne casse.

Test
Le verre à vitre peut rayer les minéraux de dureté 5 à 6.

6 Orthose

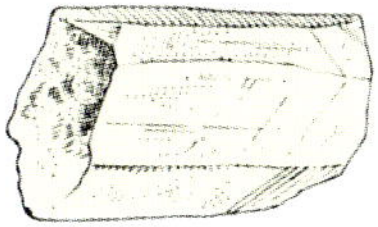

Dureté
L'orthose est une variété de feldspath. Sa variété précieuse , la pierre de lune, est un des gemmes les plus tendres.

Test
Une lame de couteau d'acier, par exemple, raye les minéraux de dureté allant jusqu'à 6,5.

7 Quartz

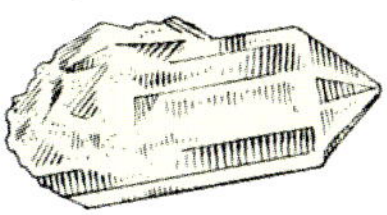

Dureté
La plupart des pierres précieuses sont plus dures que le quartz, elles ne peuvent pas être rayées par ce minéral commun.

Test
Le quartz, trop dur pour être rayé par des matériaux ordinaires, peut rayer le verre et l'acier.

8 Topaze

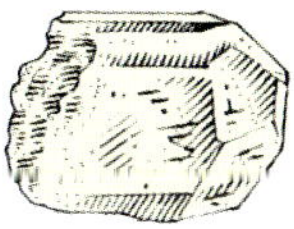

Dureté
Pierre rare, elle peut former de grands cristaux. Malgré sa dureté, elle se casse aisément le long d'un seul plan de clivage.

Test
Les minéraux de dureté 8 et au-dessus sont rares. Pour eux, le test de dureté est généralement inutile.

9 Corindon

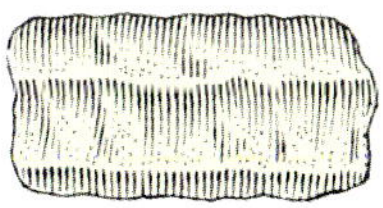

Dureté
Ce minéral a deux gemmes de valeur : le saphir et le rubis, appréciés pour leur couleur et leur dureté.

Test
Le corindon laisse une marque sur tous les autres minéraux de l'échelle, sauf le diamant.

10 Diamant

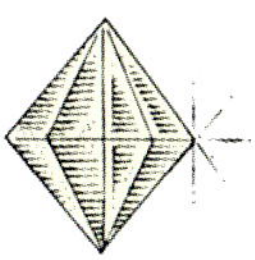

Dureté
La dureté du diamant, minéral le plus dur, est de loin supérieure à celle du corindon, juste en dessous sur l'échelle de Mohs.

Test
La seule substance naturelle qui peut rayer un diamant est un autre diamant.

LES TEMPS GÉOLOGIQUES

En étudiant les roches et les fossiles, les géologues ont établi l'histoire de la Terre qu'ils ont divisé en périodes. Notre planète s'est formée il y a environ 4 600 millions d'années (MA), au précambrien. Bien des transformations se sont produites depuis, inscrites dans les roches et les fossiles que nous connaissons aujourd'hui.

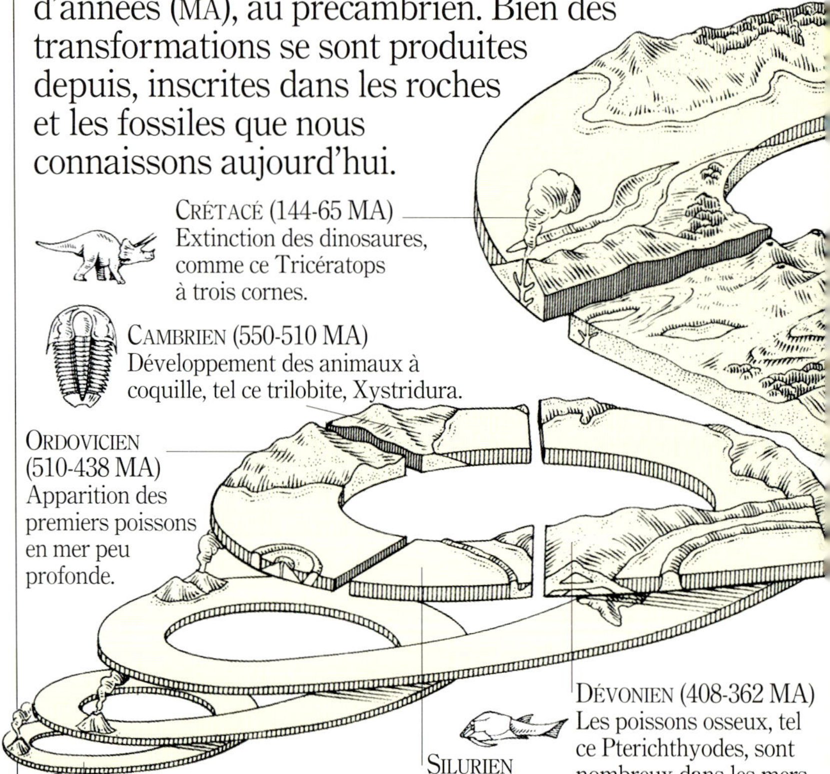

CRÉTACÉ (144-65 MA)
Extinction des dinosaures, comme ce Tricératops à trois cornes.

CAMBRIEN (550-510 MA)
Développement des animaux à coquille, tel ce trilobite, Xystridura.

ORDOVICIEN (510-438 MA)
Apparition des premiers poissons en mer peu profonde.

DÉVONIEN (408-362 MA)
Les poissons osseux, tel ce Pterichthyodes, sont nombreux dans les mers.

SILURIEN (438-408 MA)
Les plantes colonisent les continents.

PRÉCAMBRIEN (4 600-550 MA)
Apparition et évolution des animaux et plantes simples.

JURASSIQUE (208-144 MA)
Les grands dinosaures règnent sur les continents. Les ammonites, comme ce *Dactylioceras*, peuplent les mers qui couvrent la plus grande partie de notre planète.

TRIAS (248-208 MA)
Les déserts sont encore très répandus. Apparition d'un nouveau groupe de reptiles : les dinosaures, comme *Coelophysis*, chasseur à la course rapide.

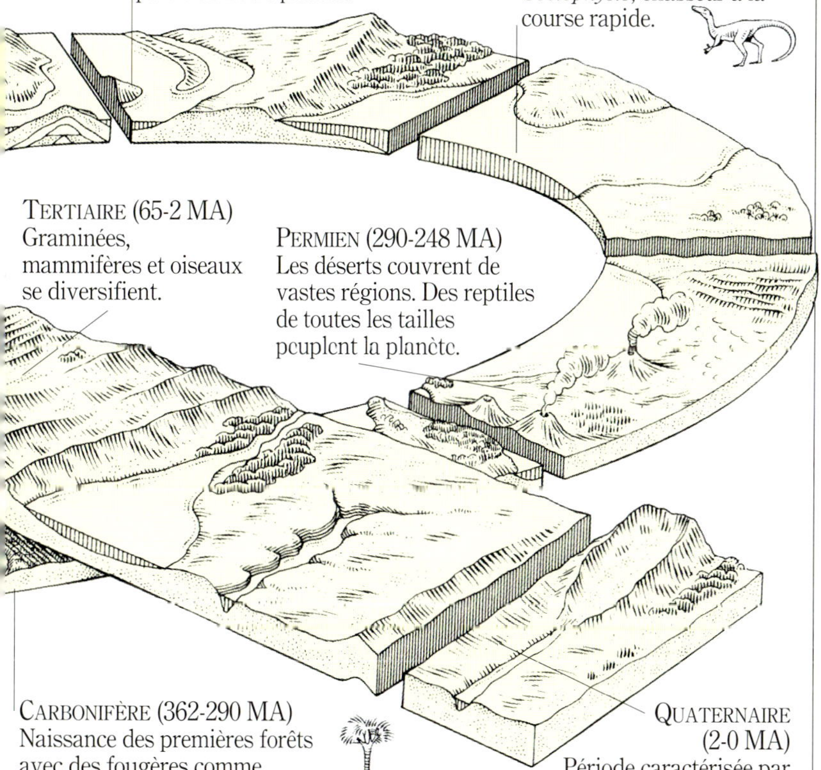

TERTIAIRE (65-2 MA)
Graminées, mammifères et oiseaux se diversifient.

PERMIEN (290-248 MA)
Les déserts couvrent de vastes régions. Des reptiles de toutes les tailles peuplent la planète.

CARBONIFÈRE (362-290 MA)
Naissance des premières forêts avec des fougères comme ce Lépidodendron. La plus grande partie de nos réserves de charbon s'est formée à partir de ces forêts.

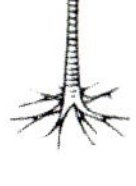

QUATERNAIRE (2-0 MA)
Période caractérisée par des variations climatiques accompagnées de grandes glaciations. Les premiers hommes apparaissent dans les plaines d'Afrique.

Savoir-faire sur le terrain

Les activités de terrain font partie du plaisir du collectionneur. La recherche d'un spécimen peut vous faire découvrir des endroits intéressants, quelquefois même tout près de chez vous. Partout où vous irez, respectez ces endroits pour que d'autres puissent aussi les apprécier. N'oubliez pas non plus la prudence. Les pages qui suivent vous donneront quelques conseils simples. Vous pouvez aussi vous renseigner auprès de collectionneurs chevronnés ou des associations spécialisées.

Le code du collectionneur

- Ne prenez que des photos et ne laissez que vos empreintes.
- Évitez de partir seul.
- Assurez-vous que votre équipement est adapté et sûr.
- Avant le départ, prenez un maximum de renseignements sur l'endroit où vous vous rendez.
- Demandez à l'avance les autorisations s'il s'agit d'un terrain privé ou d'une réserve géologique.
- Veillez à ne pas perturber la vie animale et végétale du site sur lequel vous vous rendez.
- Pensez aux autres collectionneurs et laissez l'endroit en parfait état.
- Ne laissez pas derrière vous de fragments de roches qui pourraient blesser des gens ou des animaux.
- Attention : les sites côtiers, les carrières en activité ou désaffectées et les falaises peuvent présenter des dangers. Ne vous aventurez pas seul, demandez à des gens expérimentés de vous accompagner.
- Prévenez toujours votre entourage de l'endroit où vous comptez vous rendre, surtout s'il s'agit de sites isolés comme les collines et les montagnes.

Sécurité sur le terrain

Les collectionneurs de roches et de minéraux expérimentés sont conscients des dangers. Voici une liste d'objets constituant l'équipement minimum à emporter sur le terrain.

• Pour votre protection, vêtements chauds, imperméables et bonnes chaussures de marche sont indispensables.

• Pour votre sécurité, emportez un casque, des lunettes incassables et des gants épais. Il est conseillé de les porter tout le temps, surtout lorsque vous utilisez votre marteau.

Équipement de sécurité

Gants solides

Casque

Nécessaire de première urgence

Lunettes protectrices

Enregistrement des échantillons

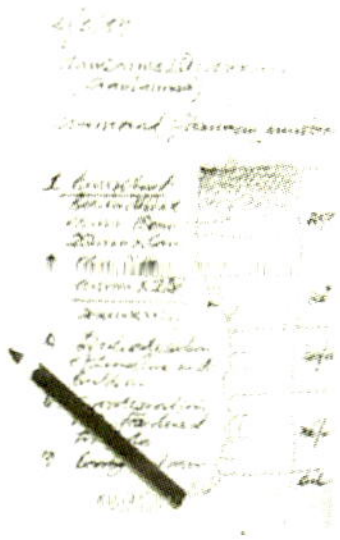

Bloc à dessin et crayon

Appareil photo

Pellicule

Quelques conseils

• Souvent, mieux vaut conserver les spécimens sous forme de photos et de croquis que de les enlever de leur site. Cela évite d'abîmer les sites.

• Ne ramassez des spécimens que si cela est vraiment nécessaire et prenez-en le moins possible.

• Ne prenez pas de pierre appartenant à un bâtiment, à un pont ou à un mur.

• N'utilisez que des instruments ou des outils manuels, jamais de matériel mécanique.

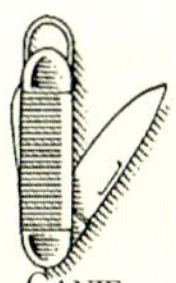

Canif

Pièces

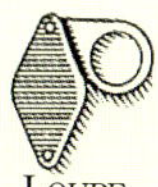

Loupe

Identification d'un spécimen

Un matériel simple permettra d'identifier un spécimen sur le terrain. Après un examen à l'aide d'une loupe, utilisez un canif pour tester sa dureté.

LA COLLECTE

Préparez votre expédition en vous renseignant sur le site et le genre de spécimens que vous pouvez d'y trouver. Les meilleurs sites sont ceux qui possèdent de nombreux spécimens que l'on peut ramasser sans abîmer le paysage. Les amateurs de minéraux les connaissent, renseignez-vous au musée local, à la bibliothèque ou à l'université.

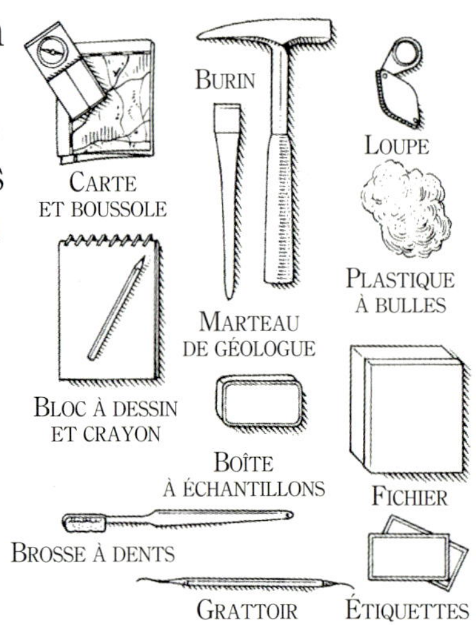

TROUVER UN SITE ET L'IDENTIFIER
Vous aurez peut-être besoin d'une carte et d'une boussole pour localiser le site choisi. Une carte topographique vous donnera des informations utiles comme la proximité de falaises ou de plages. Une carte géologique détaillée vous renseignera sur la position et l'âge des formations géologiques. Vous la trouverez dans un magasin spécialisé (voir adresses p. 150-152)

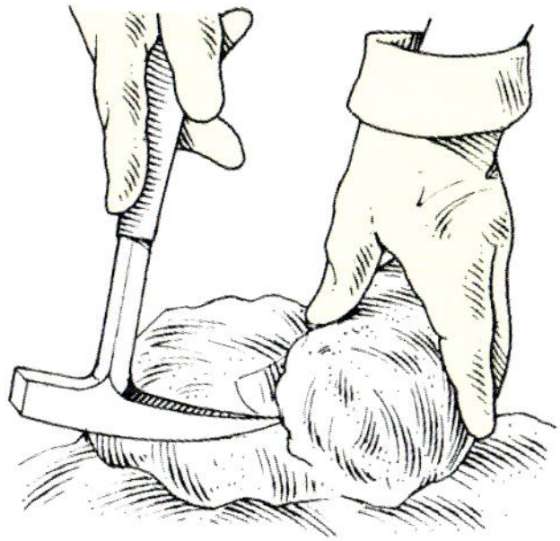

1 ENREGISTRER LES ÉCHANTILLONS
Quand vous trouvez un spécimen intéressant, faites un croquis détaillé de son emplacement sur le site ou prenez une photo. Notez la position du site sur votre carte, au cas où vous souhaiteriez y revenir. Enregistrez chaque spécimen sous un numéro, pour éviter les confusions.

2 RAMASSAGE ET EMBALLAGE
Si vous décidez de rapporter un spécimen, ramassez-le avec précaution, enlevez le plus gros de la gangue avec votre marteau, sans oublier de porter gants et lunettes de protection. Emballez chaque spécimen dans du papier bulle ou du papier journal pour éviter de le casser ou de le rayer.

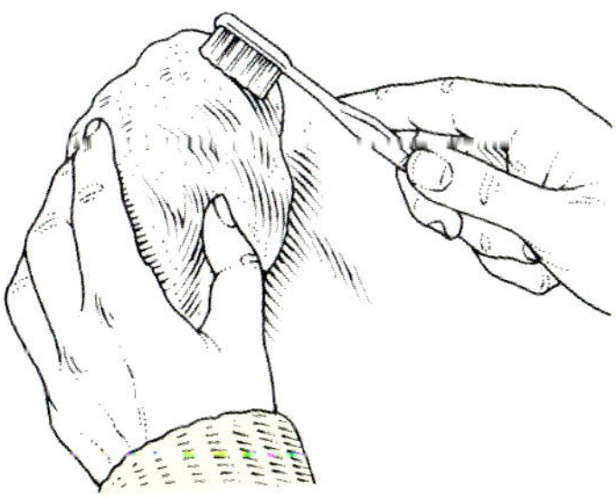

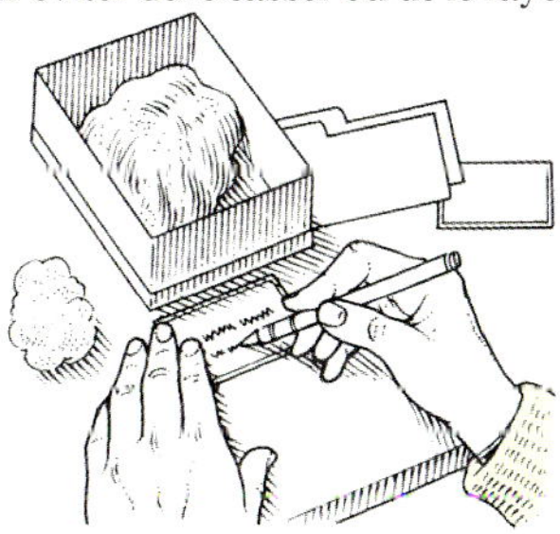

3 NETTOYAGE ET DÉTERMINATION
Une fois rentré chez vous, nettoyez chaque spécimen. Attention de ne pas les faire fondre si un nettoyage dans l'eau est nécessaire. Pour bien déterminer les spécimens, utilisez la loupe.

4 ENREGISTEMENT ET STOCKAGE
Les spécimens une fois déterminés, rangez-les soigneusement en les étiquetant. Les étiquettes devront porter leur nom et le site où vous les aurez trouvé. Pour les collections importantes, établissez un fichier.

Adresses

MUSÉES – PARIS

Musée de Minéralogie de l'École des mines de Paris
60, bd Saint-Michel
75006 Paris
Tél : 01.40.51.90.00

Muséum d'Histoire naturelle
Galerie de minéralogie
36 rue Geoffroy Saint-Hilaire75005 Paris
Tél : 01.40.79.39.39

MUSÉES – PROVINCE

Musée de Géologie
41, place Louis-Imbach
49100 Angers
Tél : 02.41.86.05.84

Musée municipal
Château des Ducs du Bar
Esplanade du Château
55000 Bar-le-Duc
Tél : 03.29.76.14.67

Muséum d'Histoire naturelle
5, place Bardineau
33000 Bordeaux
Tél : 05.56.48.26.37

Musée Condé
Château des Condé
Institut de France
15, rue du Connetable
60500 Chantilly
Tél : 44.57.08.58

Musée Lecoq
15, rue Bardoux
63000 Clermont-Ferrand
Tél : 04.73.91.93.78

Muséum d'Histoire naturelle
11, rue de Turenne
68000 Colmar
Tél : 03.89.23.84.15

Muséum d'Histoire naturelle
1, rue Dolomieu
38000 Grenoble
Tél : 04.76.44.05.35

Musée de la Mine
1, avenue de la République
58260 La Machine
Tél : 03.86.50.91.08

Muséum d'Histoire naturelle
28, rue Albert Ier
17000 La Rochelle
Tél : 05.46.41.18.25

Musée Guimet d'Histoire naturelle
28, bd des Belges
69006 Lyon
Tél : 04.72.69.05.00

Muséum d'Histoire naturelle
Palais Longchamp
1, bd Philippon
13004 Marseille
Tél : 91.62.30.78

Muséum d'Histoire naturelle
18, rue Voltaire
44000 Nantes
Tél : 02.40.71.03.50

Muséum d'Histoire naturelle
Musée Boula
60 bis, bd Risso
06300 Nice
Tél : 04.97.13.46.80

Musée archéologique
13, bd de l'Amiral Courbet
30000 Nîmes
Tél : 04.66.76.74.80

Musée du Périgord
22, cours Tourny
24000 Périgueux
Tél : 53.53.16.42

Muséum municipal d'Histoire naturelle
12, place Fontaine-Neuve
66000 Perpignan
Tél : 04.68.66.33.68

Muséum d'Histoire naturelle
198, place Beauvoisine
76000 Rouen
Tél : 02.35.71.41.50

Institut de Géologie de Strasbourg
Université Louis Pasteur

1, rue Blessig
67084 Strasbourg Cedex
Tél : 03.90.24.63.02

Muséum d'Histoire naturelle
35, allée Jules-Guesde
31000 Toulouse
Tél : 61.52.00.14

Muséum d'Histoire naturelle
1, rue Chrestien-de-Troyes
10000 Troyes
Tél : 03.25.76.21.68
poste 3592

Associations

Armines École des mines de Paris
60, bd Saint-Michel
75006 Paris
Tél : 01.40.51.91.50

Association A.B.C Mines Musée de Minéralogie
60, bd Saint-Michel
75272 Paris Cedex 06
Tél : 01.40.51.91.45

Club minéralogique
10, rue Pape-Carpentier
03000 Moulins
Tél : 04.70.44.52.25

Club Minéraux Fossiles de Bougival
Centre Bouzemont
10, rue du Général Leclerc
78380 Bougival

Fédération française des Amis de la minérologie et de la paléontologie (F.F.A.M.P)
48, boulevard Joffre
18000 Bourges
Tél : 02.48.50.33.11

Groupe minéralogique de Bourgogne
20, faubourg d'Arroux
71400 Autun

Société amicale des géologues amateurs
61, rue Buffon
75005 Paris

Société française de minéralogie et cristallographie
4, place Jussieu
Tour 16 - casier 115
75252 Paris Cedex 05
Tél : 01.44.27.60.24

Société géologique Française
14, rue Drouot
75009 Paris
Tél : 01.42.46.54.04

Société géologique française Maison de la Géologie
77, rue Claude Bernard
75005 Paris
Tél : 01.43.31.77.35

Magasins

Atelier "la trouvaille"
4, rue de Bellegarde
30129 Manduel
Tél : 04.66.20.68.63

Artisanat Minéraux Import (A.M.I)
810, avenue de Chandon
37400 Amboise
Tél : 02.47.23.16.33

Librairie du Muséum d'Histoire Naturelle
36, rue Geoffroy Saint-Hilaire
75005 Paris
Tél : 01.43.36.30.24

Librairie Thomas
28, Rue des Fossés Saint-Bernard
75005 Paris

Malachite
8, rue Étienne Dolet
94700 Maisons-Alfort
Tél : 01.45.18.12.03

Pyrénées-Nature A.S.T.C
64511 Bordes Cedex

Société géologique de Caen
15, allée du Prieuré
14000 Caen

Revue

Minéraux et Fossiles
10, rue de Marignan
75008 Paris
Tél : 01.42.25.91.85

Glossaire

ADAMANTIN (éclat)
Brillant comme le diamant.

ALLIAGE
Produit métallique obtenu par le mélange de deux types de métaux, ou d'un métal avec un autre élément non métallique.

ATOME
Particule la plus petite d'un élément chimique.

ASTHÉNOSPHÈRE
Partie non rigide du manteau de la Terre, sur laquelle flotte la litosphère.

BIOGÉNIQUE
D'origine animale ou végétale : se dit d'une roche formée de restes fossiles.

BOTRYOÏDAL (faciès)
En forme de bulles.

CLIVAGE
Manière dont un minerai se fend le long de plans de faiblesse, en fonction de sa structure atomique.

COMBINÉ
Naturellement composé de plusieurs éléments (opposé à natif).

CONCASSER
Réduire en petits fragments.

CONGLOMÉRAT
(ou poudingue)
Roche formée de fragments d'autres roches agglomérés par un ciment naturel.

CROÛTE
Couche externe du globe terrestre, atteignant 70 km dans sa partie la plus épaisse.

DORSALE OCÉANIQUE
Chaîne de montagnes sous-marines.

DYKE
Foliation de roche magmatique qui traverse une autre structure rocheuse.

ÉCHELLE DE MOHS
Échelle établie par le minéralogiste autrichien Frédéric Mohs, pour mesurer la dureté des minéraux en les rayant.

ÉCLAT
Manière dont un minéral réléchit la lumière.

ÉROSION
Usure et transformation de l'écorce terrestre et des matériaux qui la composent, par l'action de l'eau, du vent et de la glace.

Évaporite
Formé après évaporation d'eau salée.

Facette
Une des faces d'une pierre taillée (s'emploie surtout pour les pierres précieuses).

Faciès
Forme d'un échantillon de minéral.

Filon
Couche de matériau minéral traversant des structures rocheuses.

Fission (nucléaire)
Rupture d'un noyau d'atome. En se divisant, les atomes libèrent de l'énergie.

Fluorescent
Qui émet de la lumière sous l'influence d'un rayonnement.

Foliation
Structure en feuillets de certaines roches.

Fossile
Trace de vie passée conservée dans des roches.

Galvanisation
Action de recouvrir un métal d'une couche d'un autre métal par un moyen électrique.

Gemmes
Pierres précieuses.

Géologie
Science qui a pour objet l'étude de l'écorce terrestre.

Grenu
Formé de petits grains.

Hexagonal
À six angles et six côtés.

Hydrothermique
Chaleur produite par l'énergie fournie par l'eau.

Inclusion
Matériau de nature différente inclu dans une roche ou dans un minéral.

Irisé (ou iridescent)
Qui prend les couleurs de l'arc-en-ciel (comme une flaque d'huile).

Lapidaire
Artisan qui travaille les pierres précieuses.

Lithosphère
Enveloppe externe de la Terre formée de la croûte et du manteau.

Maclés
Se dit de cristaux qui grandissent ensemble en formant une même surface, accolés les uns aux autres ou s'interpénétrant.

Magma
Roche en fusion sous la surface de la Terre, qui peut émerger sous forme de lave.

MAGNÉTIQUE
Qui a les propriétés de l'aimant, c'est-à-dire qui attire le fer.

MANTEAU
Couche du globe terrestre comprise entre la croûte et le noyau, d'environ 2 900 km d'épaisseur.

MASSIF
Ne présentant pas de forme définie

MATRICE (ou gangue)
Masse de roche dans laquelle sont incrustés d'autres cristaux.

MÉTAMORPHISME
Action de la chaleur et de la pression.

MÉTÉORITE
Fragment de corps céleste qui traverse l'atmosphère et parvient jusqu'à la terre.

MINERAI
Substance dont on extrait les minéraux.

NATIF
Se dit d'un élément pur, non mélangé ou composé avec d'autres minéraux (opposé à combiné).

NOYAU
Partie central du globe terrestre.

PEGMATITE
Roche formée de grands cristaux.

PERLÉ (faciès)
En forme de perles.

PLAQUE
Fraction de la croûte terrestre, elle-même composée de neuf plaques qui se déplacent lentement sur l'asthénosphère.

PLÉOCHROÏQUE
Se dit d'un minéral qui change de couleur selon l'angle sous lequel on le regarde.

PLUTON
Massif formé sous la surface de la Terre par le refroidissement du magma.

PRÉCAMBRIENS
Se dit des terrains les plus anciens et dont il ne reste pas de fossiles, avant l'ère primaire.

RADIOACTIF
Qui a la propriété de se désintégrer par modification du noyau de l'atome, en émettant des rayonnements.

ROCHES MAGMATIQUES
Roches formées lorsque le magma se solidifie.

ROCHES MÉTAMORPHIQUES
Roches formées par l'action de la chaleur et de la pression, ou de la chaleur seule.

ROCHES SÉDIMENTAIRES
Roches formées de fragments désagrégés et déposés en couches successives pour former la surface la terre.

SILICEUX
Qui contient de la silice, corps solide de grande dureté.

SPÉCULAIRE
Aux cristaux à surface brillante et réfléchissante.

STALACTITE
Colonne formée par la solidification de dépôts minéraux, qui pend de la voûte d'une grotte.

STALAGMITE
Colonne formée par la solidification de dépôts minéraux, qui s'élève à partir du sol d'une grotte.

STRIES
Rayures d'une roche, dues à l'action glaciaire.

SYSTÈME CRISTALLIN
Formes géométriques résultant de la disposition des cristaux qui forment les minéraux.

TABULAIRE
En forme de table.

TERNE (éclat)
Qui ne réfléchit pas la lumière.

TOPOGRAPHIQUE (carte)
Représente la configuration, le relief d'un terrain.

TRACE
Couleur de la poudre d'un minéral.

TRANSLUCIDE
Laisse passer la lumière mais à travers lequel on ne distingue pas les objets (opposé à opaque).

TRANSPARENT
Laisse passer la lumière et à travers lequel on voit nettement les objets.

VACUOLES (ou vésicules)
La lave contient des petites bulles de gaz. Quand elle refroidit, ces bulles laissent des marques en petits creux ronds à la surface des roches : ce sont les vacuoles.

VEINE
Filon mince.

VITREUX (éclat)
Reflet du verre.

VULCANISATION
Procédé qui consiste à incorporer du soufre au caoutchouc pour le rendre plus résistant.

Index

Remerciements

Photographies :
Michael Crockett, Geoff Dann, Andreas von Einsiedel, Steve Gorton, Chas Howson, Colin Keates, Dave King, James Stevenson, Harry Taylor.

Illustrations :
John Woodcock, Dan Wright.

Crédits photographiques :
h = haut b = bas
c = centre g = gauche d = droite

Archiv fur Kunst/ Museo di Argenti, Florence 94 bg. Bergakademie Freiberg 142 hd. Christie's Images 45 cb. Stephanie Colasanti 131 hd. Archive P. et M. Curie 46 bc. The Environmental Picture Library/ Graham Burns 13 bd. ffotograff / Patricia Aithie 131 bd. Robert Harding Picture Library 67 hd ; 77 hg ; 111 bg ; 119 bd / Ian Griffiths 107 hg ; / Tomlinson 41c ; Adam Woolfitt 92 bg ; 128 hg. Michael Holford 55 bg ; 89 hg ; 93 hd. Geoscience Features 82 bd. Image Bank/Jeff Bartel 121 hd ; / Jackie Gucia 128 bg ; / Johnson 134-135. Impact / Mike Mc Queen 107 bd ; / Tony Page 123 bc ; / David Palmer 108 hd / Homer Sykes 91 hg ; 132 bg. Johnson Mathey 59 hg. Mansell Collection 17 cd ; 53 hd ; 75 cg. Biblioteca Medicea Laurenziana, Florence 65 hd. NASA 114 bg ; 115 c ; 115 bd, National Nuclear Corporation 60 bg. Royal Museum of Scotland /Michel Zabé 57 bd.
Science Photo Library/Jim Amos 100 bg ; / Alex Bartel 121 hd ; / Jack Fields 73 hg ; / David Leah 57 hd ; / Peter Manzel 50 bc ; / N.A.S.A. 16 bg ; /Soames Summerhays 113 hd. Still Pictures / Roger Stenberg 96 bd. Tony Stone / John Freeman 113 bg / Jacky Gucin 128 bg.
Wallace Collection 49 b.

Pour la version française :
Traduction :
Christiane Crespin

Conseillers scientifiques :
Maurice Renard,
professeur à l'université de Paris VI
Anne-Marie Rossetto,
professeur agrégé

Adaptation :
Octavo Editions
avec la collaboration
de Sophie Marchand